Nie potrafię schudnąć

350
nowych
przepisów

Dr Pierre Dukan

Nie potrafię schudnąć

350

nowych

przepisów

tłumaczenie
Eliza Kasprzak-Kozikowska

Wydawnictwo Otwarte
Kraków 2009

Tytuł oryginału: *Les recettes Dukan. Mon régime en 350 recettes*

© **Flammarion, 2007**

Copyright © for the translation by **Eliza Kasprzak-Kozikowska**

Projekt okładki
Jarosław Kozikowski / Artewizja.pl

Fotografia na okładce
© **iStockphoto.com / hugo chang**

Opieka redakcyjna
Arletta Kacprzak

Opracowanie typograficzne książki
Daniel Malak

Adiustacja
Janusz Krasoń / Studio NOTA BENE

Korekta
Anna Szczepańska / Studio NOTA BENE

Łamanie
Agnieszka Szatkowska-Malak / Studio NOTA BENE

ISBN 978-83-7515-072-8

www.otwarte.eu

Zamówienia: Dział Handlowy, ul. Kościuszki 37, 30-105 Kraków
Bezpłatna infolinia: 0800-130-082
Zapraszamy do księgarni internetowej Wydawnictwa Znak,
w której można kupić książki Wydawnictwa Otwartego: www.znak.com.pl

SPIS TREŚCI

ABY MOJA DIETA STAŁA SIĘ WASZĄ DIETĄ

Gdy oddawałem wydawcy rękopis książki *Nie potrafię schudnąć*, miałem świadomość, że właśnie ukończyłem dzieło swojego życia. Wiedziałem, że dostarczyłem sobie, moim pacjentom, a także przyszłym czytelnikom metodę walki z nadwagą, której opracowanie zajęło mi trzydzieści lat codziennej praktyki lekarskiej.

Moją obecność w świecie nauki o odżywianiu i odchudzaniu zapoczątkowała innowacja, która ściągnęła na mnie gniew ówczesnych kolegów po fachu, propagatorów i zaciekłych obrońców diet niskokalorycznych, ważenia pokarmów i jedzenia wszystkiego w mikroskopijnych ilościach – wprowadziłem dietę opartą na proteinach. Byłem wtedy bardzo młody i podatny na zniechęcenie, ale skuteczność, prostota i doskonałe dopasowanie tej diety do psychologicznego profilu osób otyłych utwierdzały mnie w przekonaniu o słuszności obranej metody i dodawały energii do dalszej pracy.

Jestem z natury dociekliwy oraz kreatywny i cechy te wykorzystałem w dziedzinie, którą znam najlepiej – w badaniu relacji człowieka do jego wagi. Opracowałem koncepcję diety i latami, dzięki codziennym kontaktom z pacjentami i niekończącym się poszukiwaniom nowych zasad, cierpliwie ją udoskonalałem. Pozostawiałem tylko te jej elementy, które podnosiły skuteczność kuracji i pozwalały zachować uzyskane rezultaty jak najdłużej. W ten sposób powstała metoda odżywiania, którą dziś z pełnym przekonaniem mogę nazwać dietą autorską.

Rozgłos, jaki ta dieta uzyskała, zasięg jej oddziaływania, wyrazy sympatii i wsparcie czytelników nadają sens mojemu życiu. Jakiekolwiek były moje ambicje i nadzieje podczas pisania książki *Nie potrafię schudnąć*, nie wyobrażałem sobie, że trafi ona do rąk tak wielkiej liczby odbiorców oraz zostanie przetłumaczona i wydana w tylu krajach, w tym tak odległych i egzotycznych, jak Korea czy Tajlandia. O popularności poradnika w niewielkim stopniu zadecydowała promocja, gdyż książka prawie wcale nie była reklamowana. Sprzedawała się, bo polecali ją sobie czytelnicy i rozmówcy na forach internetowych, którzy dzięki mojej diecie schudli. Od niedawna polecają ją sobie również lekarze. Przypuszczam, że zawiera ona w sobie coś, co mnie przekracza – jakiś przypadkowy, szczęśliwy element, który pozwala czytającemu dostrzec empatię, energię, zrozumienie i współczucie, jakie wykazuję w pracy z pacjentami.

Odkąd poradnik *Nie potrafię schudnąć* trafił do rąk czytelników, otrzymałem ogromną liczbę listów: podziękowań, a także świadectw skuteczności diety. Dostawałem również uwagi krytyczne oraz sugestie, jak książkę poprawić. Radzono mi przede wszystkim, bym wzbogacił ją o zestaw ćwiczeń fizycznych i większą liczbę przepisów na potrawy. Tę książkę napisałem, by spełnić to ostatnie życzenie. Na pierwszą prośbę zamierzam odpowiedzieć wkrótce.

W nowej książce zawierającej przepisy na potrawy zgodne z zaleceniami opracowanej przeze mnie metody odżywiania skorzystałem z niezwykłej inwencji moich pacjentów. Wykazali się ogromną pomysłowością w ulepszaniu przepisów zawartych w książce *Nie potrafię schudnąć*.

Tym, którzy nie znają zaleceń i planu mojej diety, pragnę wyjaśnić, że metoda ta opiera się na dwóch dużych grupach produktów żywnościowych: pokarmach bogatych w białko zwierzęce i warzywach. Te dwie kategorie produktów stanowią dla mnie naturalną podstawę ludzkiego odżywiania.

Przecież właśnie mięsem i roślinami żywili się pierwsi ludzie około pięćdziesięciu tysięcy lat temu. Pojawienie się osobników nowego gatunku było poprzedzone długim procesem przystosowywania się ich do środowiska i odwrotnie. Doszło do spotkania kształtującego się kodu genetycznego i środowiska naturalnego gotowego, by go przyjąć. Jest mało prawdopodobne, by nowy gatunek powstał w środowisku, które nie dostarcza ewoluującym organizmom dokładnie tego, czego potrzebują. Jeśli istniał jakiś moment w historii *homo sapiens*, w którym nasz system trawienny i dostępne pokarmy były do siebie idealnie dopasowane, nastąpił właśnie w czasie naszego pojawienia się na Ziemi.

Dzisiaj często się mówi, że człowiek jest istotą wszystkożerną i ma nieskończone możliwości adaptacji do nowych warunków, także dostosowywania swojego układu trawiennego i systemu przemiany materii do nowego sposobu odżywiania. Otóż nie. Istnieją pokarmy bardziej i mniej odpowiadające człowiekowi. Dlatego nie kieruję się ideą powrotu do jakiejś minionej złotej ery. Uznaję siłę skłonności natury ludzkiej.

Na początku mężczyzna, z powodu swej budowy i instynktownych upodobań, stworzony był do polowania i łowienia ryb, łapania zwierzyny lądowej i wodnej. Kobieta natomiast zajmowała się zbieraniem, przede wszystkim owoców i warzyw. Produkty te szybko zyskały status najważniejszych i podstawowych składników diety ludzkiej, najbardziej odżywczych, szlachetnych, najlepiej przystosowanych do układu trawiennego człowieka.

Od pięćdziesięciu tysięcy lat pokarmy te zmieniają się pod wpływem człowieka, co wzmacnia wzajemne więzy.

Oczywiście człowiek nie jest już tym, kim był niegdyś – nie jest już łowcą i zbieraczem. Zaczął prowadzić osiadły tryb życia, uprawiać rośliny, hodować zwierzęta, stworzył cywilizację, podporządkował sobie środowisko naturalne i nauczył się czerpać z niego to, czego potrzebuje, w tym również pokarm (traktowany bardziej jako przyjemność niż czynnik odżywczy). W ten sposób *homo sapiens* stworzył nowy rodzaj odżywiania, diametralnie odmienny od tego, do którego przystosował się w trakcie ewolucji. I z rozkoszą oddaje się spożywaniu nowych produktów – są one kuszące, działają na zmysły, wzbudzają emocje. Ale sprawiają, że tyje. Dziś problemem jest przestać tyć i zacząć chudnąć.

W czasie ostatnich pięćdziesięciu lat w naszej diecie pojawiły się dwa składniki odżywcze, które spowodowały ogromne szkody: tłuszcze i cukry. To z nich składają się produkty uznawane za luksusowe – bogate w tłuszcze i cukry, zapełniające półki w hipermarketach. Są produktami luksusowymi, ponieważ nie było ich, gdy ewoluował człowiek, a przede wszystkim jego mózg. Nikt nie jadał tłusto, bo upolowane zwierzęta były chude, nikt nie jadał słodko, bo nie było sacharozy. Nawet sam Król Słońce w niesłychanym przepychu swego pałacu w Wersalu nigdy nie spróbował innych słodyczy niż miód i owoce.

Nie chcę walczyć o powrót do diety człowieka jaskiniowego, lecz wyjaśnić, że dla osób, które chcą się zastosować do moich zaleceń, odchudzanie dzięki zmianie nawyków żywieniowych nie stanowi zagrożenia.

Wiem, że większość specjalistów w dziedzinie odżywiania zachwala spożywanie produktów bogatych w skrobię, zbóż, węglowodanów i dobrych tłuszczów. Ja również jestem przekonany o pożyteczności tych produktów, ale nie w fazie utraty wagi. Trzydzieści lat walki u boku moich pacjentów przekonało mnie, że taka zrównoważona dieta jest zupełnie nieprzystosowana do zasad utraty wagi. Założenie, że można schudnąć, zachowując równowagę i optymalne proporcje składników odżywczych, świadczy o zupełnym braku znajomości psychiki oraz problemów osób otyłych i z nadwagą.

Faza utraty wagi to okres wojny, która – jeśli ma zostać wygrana – musi się zakończyć trwałym pokojem. Nie można sobie wyobrazić prowadzenia walki bez wysiłku i posługiwania się logiką. Gdyby otyły potrafił schudnąć, jedząc niewielkie ilości pokarmów w sposób zrównoważony, to nie byłby otyły. Nie można wytłumaczyć żywieniowych zachowań człowieka jedynie za pomocą praw termodynamiki. Energetyczne wyjaśnienie powodów otyłości – przybiera się na wadze, kiedy się je za dużo i za mało się rusza – jest prawdziwe, ale tłumaczy zaledwie, jak przebiega proces tycia, a nie wyjaśnia jego przyczyn.

Jeśli czytacie tę książkę, ponieważ przytyliście do tego stopnia, że zaczęło Was to niepokoić, to dlatego że nie jedliście po to, by się najeść. Nawet nie znając Was, mogę zapewnić, że za Waszą otyłość odpowiada nie to, co zjedliście, aby zaspokoić głód, lecz to, co zjedliście, aby sprawić sobie przyjemność lub złagodzić stres. To właśnie potrzeba przyjemności, pragnienie wystarczająco silne, by Was zdominować i doprowadzić do otyłości oraz wynikającego z niej cierpienia, to właśnie ta potrzeba, z powodu której często czujecie się winni, jest główną przyczyną i prawdziwym wytłumaczeniem Waszego problemu z nadwagą.

Codzienne spotkania z pacjentami, uważne słuchanie ich zwierzeń, zbieranie i analizowanie doświadczeń przekonały mnie, że skoro istnieje w ludziach tak wielka nieuświadomiona potrzeba czerpania przyjemności z jedzenia – impuls wystarczająco silny, by zagłuszyć rozum i poczucie winy – to znaczy, że brak im chwilowo lub stale innych przyjemności i radości, jakie niesie życie. I zazwyczaj jest tak, że bodziec popychający ludzi do działania i do znalezienia w sobie energii do walki z nadwagą oraz do porzucenia przyjemności jedzenia, której wynikiem jest ich otyłość, pochodzi właśnie z uświadomienia sobie, że przyjemność można czerpać z wielu innych dziedzin życia – życia, które odtąd może być piękniejsze i szczęśliwsze. W takich przełomowych chwilach osoby mające nadwagę pragną ze swoimi dodatkowymi kilogramami skutecznie walczyć. Chcą uzyskać widoczne rezultaty – na tyle spektakularne, by umocnić nadzieję i motywację, które łatwo mogłyby runąć w przypadku porażki lub stagnacji. Chcą diety skutecznej i przynoszącej szybki efekt.

Mając to wszystko na uwadze, postawiłem na skuteczność diety. Równocześnie pozostaję w zgodzie z etyką lekarską, która każe mi dbać o zdrowie pacjentów i zapewnić im długotrwałe rezultaty oraz stabilizację osiągniętej wagi.

Długo byłem przekonany, że skuteczność diety wymusza chwilową rezygnację ze sztuki gotowania i poszukiwań kulinarnych. Ale nie wiedziałem jeszcze, jak bardzo pomysłowi potrafią być moi pacjenci i czytelnicy, gdy są silnie zmotywowani i zmuszeni korzystać wyłącznie z wyznaczonych przeze mnie produktów – białek i warzyw – ale nie mają żadnych ograniczeń dotyczących ilości spożywanych pokarmów. W ciągu pięciu lat otrzymałem tysiące przepisów opartych na tych dwóch rodzinach produktów i zgodnych z określonymi przeze mnie zasadami przygotowywania posiłków. Ze zdumieniem patrzyłem, jak osoby, które wymyśliły nowy przepis, pragną się nim podzielić z innymi.

Pewnego ranka 2005 roku zadzwonił do mnie jeden z moich czytelników. Chciał mi powiedzieć, że po tym, jak przez przypadek kupił moją książkę na dworcu i zastosował opisaną w niej dietę, schudł ponad 30 kilogramów w ciągu sześciu miesięcy. „Całe życie spędziłem w restauracji. Jestem szefem kuchni. Uwielbiam gotować i delektować się potrawami, które przyrządzam. I tak, w ciągu lat, stałem się bardzo gruby. Pana metoda mnie uwiodła, ponieważ jestem wielkim amatorem mięsa i ryb. Uwielbiam jeść, a pana książka zaczyna się od słów: jeść do woli. Wykorzystałem wszystkie swoje talenty i całą wiedzę, by nadać pańskim przepisom, opartym na stu dozwolonych produktach, blask i znamię wielkiej kuchni. Raczyłem się tymi daniami sześć miesięcy i schudłem bez cierpień i wyrzeczeń. W dowód wdzięczności posyłam panu przepisy – są zgodne z pana metodą, ale ulepszone, tak aby przyrządzane według nich potrawy sprawiały mi przyjemność i aby mogli z nich skorzystać pańscy pacjenci oraz czytelnicy, którym brak czasu lub wyobraźni, by wymyślać nowe dania".

Ta rozmowa nie tylko wzbogaciła opracowaną przeze mnie dietę o nowe, wspaniałe przepisy, ale wpłynęła również na moje życie osobiste i rodzinne. Mój syn Sacha, który studiuje dietetykę, zapoznał się z tymi przepisami i wspólnie z szefem kuchni stworzyli „laboratorium", gdzie produkują dania dietetyczne. To jedyne takie miejsce, jakie znam w Europie, gdzie nie stosuje się tłuszczu, cukru ani mąki.

W swojej książce zawarłem wszystkie przepisy szefa kuchni razem z innymi, mniej profesjonalnymi, ale równie kreatywnymi. Większość z nich wymyśliły kobiety udzielające się na forach internetowych, wspólnie starając się osiągnąć jeden cel – schudnąć dzięki opracowanej przeze mnie metodzie. Pragnę podziękować wszystkim internautkom, które pomogły mi, wysyłając swoje przepisy. Jest ich zbyt wiele, bym mógł wymienić je wszystkie, ale rozpoznają się w nazwie swojego forum: aufeminin, supertoinette, mesregimes, dukanons, seniorplanet, doctissimo, zerocomplexe, atoute, cuisinedukan, vivelesrondes, commeunefleur, nouslesfemmes, club-regimes, e-sante, commeunefleur, regimefacile, meilleurduchef, volcreole, forumliker, yabiladi, formemedecine, actiforum, easyforum, dudufamily...

Przepisy są ułożone zgodnie z czterema fazami opracowanej przeze mnie diety. Dwie pierwsze, faza uderzeniowa i faza równomiernego rytmu, mają doprowadzić do utraty masy ciała. Dwie następne, faza utrwalenia i faza stabilizacji, służą utrwaleniu wybranej i uzyskanej wagi. To właśnie w dwóch pierwszych etapach diety przepisy odgrywają ważną rolę. Zapewniają przyjemność jedzenia i dobry smak potraw, różnorodność dań, a przede wszystkim odpowiednią ilość pokarmu i zaspokojenie głodu. W późniejszych etapach rozmaitość potraw jest tak wielka, że jedna książka kucharska nie mogłaby pomieścić wszystkich przepisów. Jednak nie powiedziałem jeszcze ostatniego słowa. Wkrótce powstanie także książka z przepisami na fazę utrwalenia wagi.

W książce, którą trzymacie w dłoniach, znajdziecie dwa zasadnicze rodzaje przepisów: przepisy na potrawy oparte na czystych białkach, wykorzystujące wyłącznie produkty o wysokiej zawartości protein, oraz przepisy na dania, których składnikami są białka i warzywa. Opracowano je, korzystając ze 100 produktów, na których opiera się moja dieta – dozwolonych w dowolnych ilościach, o dowolnych porach i w dowolnych zestawieniach.

Jest tylko jedno ograniczenie – podczas dwóch pierwszych faz diety, prowadzących do utraty wagi, nie wprowadza się żadnych innych produktów poza niżej wskazanymi.

Lista 100 produktów, które można jeść podczas dwóch pierwszych etapów diety

72 produkty bogate w białko

- 12 rodzajów mięsa: stek, filet wołowy i ligawa (mięso wołowe przypominające polędwicę), rostbef, ozorek, suszone mięso z Grisons, eskalopki, żeberka, wątróbka i cynaderki cielęce, szynka wieprzowa lub drobiowa, królik
- 25 rodzajów ryb: dorsz, morszczuk, dorada, gardłosz atlantycki, mieczyk, halibut, halibut wędzony, łupacz, czarniak, limanda, miętus, labraks, makrela, merlan, tępogłów, płaszczka, barwena, sardynka, łosoś, łosoś wędzony, sola, surimi, tuńczyk, tuńczyk w sosie własnym, turbot
- 18 gatunków owoców morza: trąbik zwyczajny, kalmar, mięczak jadalny, sercówka, przegrzebki (muszle św. Jakuba), krab, krewetka, krewetka szara, gamba, homar, ostryga, langusta, langustynka, małż, jeżowiec, ośmiornica, mątwa, rak
- 9 rodzajów mięsa drobiowego: struś, przepiórka, kurczak, wątróbka drobiowa, indyk, gołąb, perliczka, kura, szynka z kurczaka lub z indyka (bez tłuszczu i bez skóry)
- 2 rodzaje jajek: kurze i przepiórcze
- 6 rodzajów nabiału: chudy jogurt naturalny lub aromatyzowany z aspartamem (słodzikiem), chudy biały serek wiejski, chudy twaróg, serek homogenizowany, serek topiony o małej zawartości tłuszczu, chude mleko

28 warzyw

karczoch, szparag, bakłażan, burak, boćwina, brokuł, marchewka, seler, pieczarka, wszystkie kapusty (brukselka, kalafior, kalarepa, kapusta głowiasta czerwona), serce palmy, ogórek, cukinia, cykoria, szpinak, koper, sałata karbowana, fasolka szparagowa, rzepa, cebula, szczaw, por, papryka, dynia, rzodkiewka, wszystkie zielone sałaty, soja, pomidor

Białka – siła napędowa mojej diety

Dla tych, którzy nie znają mojej diety i nie czytali *Nie potrafię schudnąć*, przedstawię w skrócie główne założenia i zasadę działania kuracji. W poprzedniej książce tworzyły osobny rozdział.

Z jakich elementów składa się dieta i na jakiej zasadzie działa?
Fundamentem mojego planu odchudzania – którego poszukiwałem i nad którym pracowałem podczas wielu lat praktyki lekarskiej, a także będącego początkiem mojej przygody z dietetyką – są proteiny. W 1970 roku zaproponowałem pierwszą dietę opartą na jednym składniku odżywczym. Miałem ogromne trudności, by przekonać innych do zaakceptowania jednego, wyizolowanego składnika pokarmowego i do radykalnego zerwania z powszechnie wówczas panującą wiarą w diety niskokaloryczne. Dzisiaj moja metoda znalazła wreszcie swoje miejsce wśród innych diet jako jedna ze skutecznych broni w walce z nadwagą. Uważam jednak, że mój plan nie zajmuje jeszcze miejsca mu należnego, czyli pierwszego. Jest on bowiem siłą napędową każdej prawdziwej diety. Powinien być stosowany na początku każdej kuracji, by zapewnić jej dobry start, gdyż dieta, która nie zaczyna się sukcesem, jest nieskuteczna.

U podstaw strategii diet, które tworzyły, tworzą i zawsze będą tworzyć nowych otyłych – czyli systemów odżywiania opartych na zasadzie spożywania małej liczby kalorii w małych ilościach pokarmu – stoi skrajnie konserwatywna i odporna na wyniki badań oraz statystyki teoria. Naukowcy, którzy w nią wierzą, utrzymują, że odmawianie sobie pewnych składników odżywczych prowadzi do tycia, a diety, które rozpoczynają się od dużej utraty wagi (bardzo szybko osiąganej przez odchudzających się po raz pierwszy), kończą się równie szybkim przybraniem na wadze, czyli efektem jo-jo. Według nich podobna kuracja jest pewnym sposobem na tycie. Oczywiście takie przypadki się spotyka, ale daleko im do reguły, ponieważ są albo wynikiem stosowania nierozsądnych diet, na przykład opartych tylko na zupach czy pozwalających na jedzenie wyłącznie owoców egzotycznych (dieta Beverly Hills), albo bardzo długich i frustrujących diet niskokalorycznych lub diet opartych na proteinach w proszku (szczególnie drastycznych, bo stosujących wyłącznie jeden, w 98 procentach czysty składnik odżywczy w postaci proszków przemysłowych).

Wspólną cechą wszystkich diet prowadzących do ponownego przybrania na wadze jest całkowity brak etapu stabilizowania wagi pomijany zarówno przez twórców diety, którzy wygłaszają dobre rady w stylu: „uważajcie, co jecie", „pilnujcie się", „nie jedzcie zbyt dużo", jak i przez pacjentów zadowolonych ze schudnięcia, którzy myślą, że ryzyko ponownego przytycia ich nie dotyczy. Oczywiście i jedni, i drudzy się mylą. Tylko prawdziwy plan stabilizacji z konkretnymi, precyzyjnymi, łatwymi do zapamiętania i stosowania w codziennym życiu regułami, tylko skuteczne, jasne sposoby na walkę z powracającą otyłością, których działanie widać w ciągu kolejnych tygodni i miesięcy, tylko całościowa i dobrze zaplanowana akcja mogą przeciwdziałać niepowodzeniom i powracającej nadwadze.

Wypowiedzieć wojnę pewnym dietom – tak! Wszystkim dietom bez wyjątku – nie! To byłoby wylewanie dziecka z kąpielą. Spośród wszystkich zbyt skutecznych, zbyt gwałtownych i sprzecznych z naturą diet szczególnej kontroli należy poddać dietę opartą na proteinach w proszku, a najlepiej oddać ją w ręce lekarzy czy wręcz psychiatrów.

Chciałbym przytoczyć pewną historię, która z pewnością Was rozbawi i powie wiele na temat mojego stosunku do protein przemysłowych.

Zimą 1973 roku sekretarka łączy mnie z jakimś dzwoniącym do mnie obcym mężczyzną, który z wyraźnym skandynawskim akcentem opowiada mi, jak po kupieniu jednej z moich książek i zastosowaniu diety łatwo i bez zbytniego wysiłku, jedząc do woli, stracił bardzo dużo kilogramów.

– Jestem przejazdem w Paryżu i chciałbym pana spotkać, by osobiście podziękować i uścisnąć pańską dłoń.

Kilka godzin później w moim gabinecie zjawia się pięćdziesięcioletni nordycki olbrzym.

– Zmienił pan moje życie, nawet o tym nie wiedząc. Dziękując, chciałbym dać panu prezent. – Z torby podróżnej wyciąga i kładzie na moim biurku pięknego, imponujących rozmiarów łososia. – Jestem właścicielem wielu hodowli łososia w Norwegii. Tę rybę, jeden z najpiękniejszych okazów z mojego ulubionego fiordu, złowiono i uwędzono według tradycyjnej receptury specjalnie dla pana.

Uwielbiam łososia, więc podziękowałem z całego serca.

– To drobnostka, taki mały żart. Prawdziwy prezent jest tutaj. – Ze swej czarodziejskiej torby wyjmuje cylindryczny, aluminiowy pojemnik wielkości pudła na kapelusze, bez żadnego widocznego napisu. – Czy wie pan, doktorze, co jest w tym pudełku?

– ?

– Pańska fortuna! – Podnosi pokrywkę, ukazując wypełnione białym proszkiem wnętrze. – Już wyjaśniam. Zarządzam również wieloma mleczarniami w Holandii. Produkujemy masło, ale nie wiemy, co robić z maślanką. To podstawowy produkt uboczny, który idzie jako karma dla świń. Czy wie pan, co jest w tej maślance? Rozpuszczalne globuliny mleka, proteiny w czystej postaci! Oddaję panu do dyspozycji tony protein w proszku, aby zrobił pan z nich saszetki na odchudzanie.

Ten człowiek był prawdziwym przemysłowym wizjonerem. Dziesięć lat później proteiny w proszku stały się najczęściej kupowanym produktem na odchudzanie na świecie.

– Bardzo dziękuję za łososia. Jedząc go, będę myślał o panu i pańskich fiordach – powiedziałem. – Ale nie wezmę pudełka ani jego zawartości. Nie tak chcę propagować moje proteiny. Może pan o tym nie wie, ale pana pierwszy prezent, ten wspaniały łosoś, także jest źródłem protein. Tak bardzo lubię łososia, że już widzę w myślach, jak pokazuję go mojej rodzinie i jemy go razem z wielką przyjemnością. Nie chciałbym go jeść w formie proszku. A jeśli nie chcę czegoś dla siebie, to jakże miałbym proponować to moim pacjentom i wszystkim, którzy mi zaufali?

Powróćmy do mojego planu, który od podstawowego składnika diety został nazwany planem Protal.

Składa się on z czterech następujących po sobie i połączonych ze sobą faz, które pozwalają osobie pragnącej schudnąć osiągnąć i utrzymać określoną wagę.

Te cztery następujące po sobie kuracje o coraz mniej surowych zaleceniach mają na celu:

- pierwsza – intensywną i stymulującą utratę kilogramów w bardzo krótkim czasie;
- druga – regularną utratę masy ciała pozwalającą osiągnąć upragnioną wagę;
- trzecia – utrwalenie osiągniętej, lecz wciąż niestabilnej wagi dzięki odpowiedniej diecie stosowanej dziesięć dni na każdy utracony kilogram;
- czwarta – ostateczną stabilizację osiągniętej wagi pod warunkiem zachowania ścisłej diety jeden dzień w tygodniu do końca życia.

Każda z tych czterech kuracji opiera się na innej zasadzie działania i ma przynieść inny efekt, lecz wszystkie czerpią siłę i skuteczność z zastosowania protein – czystych w fazie ataku, występujących naprzemiennie z warzywami w fazie równomiernej utraty wagi, zrównoważonych w fazie utrwalania wagi i ponownie czystych, ale spożywanych w tej postaci tylko jeden dzień w tygodniu w fazie ostatecznej stabilizacji wagi.

To dzięki ścisłej diecie proteinowej, która trwa – zależnie od przypadku – od dwóch do siedmiu dni i działa na organizm przez zaskoczenie, początek planu Protal jest tak skuteczny.

Ta sama dieta stosowana naprzemiennie z warzywami daje rytm i efektywność drugiemu etapowi planu i prowadzi do uzyskania upragnionej wagi.

Dieta proteinowa stosowana okazjonalnie jest także podstawą fazy utrwalania wagi – okresu przejściowego między spadkiem masy ciała i powrotem do normalnego odżywiania.

I również ta dieta, stosowana do końca życia, ale tylko jeden dzień w tygodniu, pozwala ostatecznie ustabilizować wagę. W zamian za ten drobny wysiłek pozwala jeść bez poczucia winy i specjalnych ograniczeń pozostałe sześć dni w tygodniu.

Dieta oparta na czystych proteinach jest siłą napędową planu Protal i składających się na niego czterech kuracji. Dlatego teraz – przed wprowadzeniem przez Was tego planu w życie – opiszę szczególny sposób działania diety i wytłumaczę, na czym polega jej zadziwiająca skuteczność, dająca trwałość schudnięcia i stabilizację wagi. Dzięki temu będziecie mogli wykorzystać w pełni wszelkie możliwości, jakie daje.

Jak działa dieta oparta na czystych proteinach, stanowiąca podstawę i początek trzech kolejnych kuracji oraz zapewniająca stabilność wagi?

1. Kuracja musi dostarczać wyłącznie białka

Gdzie znajdziemy czyste proteiny?

Proteiny są podstawowym budulcem żywej materii, zarówno zwierzęcej, jak i roślinnej, co oznacza, że znajdziemy je w większości znanych produktów żywnościowych. By dieta proteinowa zapewniała pełną skuteczność, jej podstawą powinny być produkty składające się niemal wyłącznie z czystych protein. W praktyce czystych protein nie znajdziemy w żadnym pokarmie poza białkiem jajka.

Rośliny, nawet o dużej zawartości białka, są zbyt bogate w węglowodany. Dotyczy to wszystkich zbóż i roślin strączkowych (bardzo mączystych) oraz zawierających skrobię, w tym soi – obfitującej w doskonałej jakości białka, lecz zbyt tłustej i mającej za dużo węglowodanów. Cechy te wykluczają wspomniane warzywa z pierwszych etapów naszej diety.

Podobnie jest z produktami pochodzenia zwierzęcego zawierającymi więcej białka niż rośliny, ale zbyt tłustymi. Dotyczy to wieprzowiny, baraniny, jagnięciny, zbyt tłustego drobiu, jak gęś i kaczka, wielu części wołowiny oraz cielęciny.

Jest jednak pewna liczba produktów pochodzenia zwierzęcego, które nie zawierają wprawdzie wyłącznie czystych protein, ale są bliskie ideału i z tego względu odgrywają zasadniczą rolę podczas kuracji:

* wołowina z wyjątkiem antrykotu, żeberek i wszystkich części do duszenia,
* cielęcina na grill,
* drób z wyjątkiem kaczki i gęsi,
* wszystkie ryby, w tym również o niebieskawej skórze, których tłuszcz doskonale chroni serce i naczynia krwionośne,
* skorupiaki i mięczaki,

• jajka – białka zawierają wyłącznie czyste proteiny, żółtka niestety cechują się pewną zawartością tłuszczu,
• chudy nabiał – bardzo bogaty w białka i zupełnie pozbawiony tłuszczu. Mimo że zawiera niewielką ilość węglowodanów, walory smakowe pozwalają włączyć go do naszej listy produktów bogatych w proteiny stanowiących o sile uderzeniowej planu Protal.

Czystość protein zmniejsza ich kaloryczność

Wszystkie gatunki zwierząt odżywiają się pokarmem złożonym z połączenia trzech podstawowych składników odżywczych: białek, tłuszczów i węglowodanów. Dla każdego gatunku właściwa jest jednak różna, idealna proporcja tych trzech składników. Proporcję właściwą dla człowieka można przedstawić za pomocą schematu 5–3–2, czyli 5 części węglowodanów, 3 części tłuszczów i 2 części białek. Proporcje te zbliżone są do składu mleka kobiecego.

Gdy skład kęsa pokarmowego zachowuje tę optymalną dla człowieka proporcję, to przyswajanie kalorii w jelicie cienkim odbywa się z maksymalną skutecznością, a wydajność energetyczna pożywienia jest tak wysoka, że może powodować przybieranie na wadze.

Jednak wystarczy zmienić tę idealną proporcję, aby zakłócić przyswajanie kalorii i obniżyć wydajność energetyczną pokarmów. Teoretycznie najbardziej radykalną zmianą, jaką można sobie wyobrazić, zmianą, która najbardziej zmniejszyłaby przyswajanie kalorii, byłoby ograniczenie się do spożywania wyłącznie jednego ze składników odżywczych.

W praktyce, choć próbowano tego w Stanach Zjednoczonych z węglowodanami (dieta Beverly Hills oparta na owocach egzotycznych) i tłuszczami (dieta Eskimosa), odżywianie sprowadzone wyłącznie do tłuszczów i cukrów jest trudne do zrealizowania i obciążone poważnymi konsekwencjami zdrowotnymi. Nadmiar cukru może spowodować cukrzycę, a nadmiar tłuszczu zatyka naczynia krwionośne i szkodzi sercu. Co więcej, niedobór białek niezbędnych do życia zmusza organizm do czerpania ich z własnych mięśni.

Odżywianie ograniczone wyłącznie do jednego składnika pokarmowego można zatem realizować, opierając się jedynie na białkach. Takie rozwiązanie jest możliwe, ponieważ dieta proteinowa jest smaczna, nie powoduje zagrożenia chorobami serca i układu krążenia i z definicji wyklucza jakikolwiek niedobór białka.

Kiedy oprzemy dietę na produktach wysokobiałkowych, jelito cienkie, w którym przyswajane są kalorie, będzie z ogromnym trudem pracować nad kęsem pokarmowym, nieprzyzwyczajone do wchłaniania go w takiej formie, i nie skorzysta w pełni z wartości kalorycznej pokarmu. Jego działanie można porównać do pracy dwutaktowego silnika skonstruowanego na benzynę i olej, który próbuje się uruchomić czystą benzyną. Po kilku postękiwaniach zgaśnie, nie mogąc wykorzystać dostarczonego mu paliwa. Co w takich warunkach zrobi organizm? Przyswoi to, co jest mu niezbędne do życia i podtrzymania funkcji organów (mięśni, gruczołów, krwi, skóry), nie absorbując reszty kalorii dostarczonych z pokarmem.

Przyswajanie białek jest trudne i wymaga dużego zużycia kalorii

Aby dobrze zrozumieć drugą właściwość białek, która przyczynia się do skuteczności planu Protal, należy zapoznać się z pojęciem SDD, czyli swoiście dynamicznym działaniem pokarmów. SDD to wysiłek lub wydatek energetyczny organizmu potrzebny do rozłożenia składników pokarmowych na związki proste, bo tylko związki proste mogą zostać wchłonięte do krwiobiegu. Wielkość tego wysiłku zależy od konsystencji i struktury molekularnej pokarmu.

Kiedy spożywacie 100 kalorii z białego cukru – łatwo przyswajalnego prostego węglowodanu, trawienie jest szybkie. Na wykonanie tej pracy organizm potrzebuje tylko 7 kalorii. Pozostają mu więc do wykorzystania 93 kalorie. SDD hydratów węgla wynosi zatem 7%.

Kiedy spożywacie 100 kalorii z masła lub oleju, asymilacja jest bardziej pracochłonna i kosztuje organizm 12 kalorii. Pozostaje mu 88. SDD tłuszczów wynosi więc 12%.

By przyswoić 100 kalorii z czystych protein, na przykład białko jajka, chudą rybę lub chudy twarożek, organizm musi wykonać ogromną pracę, ponieważ białka są zbudowane z bardzo długich łańcuchów molekuł, których podstawowe ogniwa, aminokwasy, są ze sobą tak silnie połączone, że ich rozdzielenie wymaga wydatkowania znacznie większej ilości energii. Samo przyswojenie białek kosztuje organizm 30 kalorii, więc do wykorzystania zostaje mu ich tylko 70. Zatem SDD białek wynosi 30%.

Przyswajanie białek – poważna praca organizmu – powoduje wydzielanie ciepła i podniesienie temperatury ciała. Dlatego odradza się kąpiele w zimnej wodzie zaraz po spożyciu posiłku bogatego w białka. Różnica temperatur może spowodować szok termiczny.

Ta niezwykła właściwość protein, niewygodna dla tych, którym spieszno do kąpieli, jest prawdziwym błogosławieństwem dla otyłego, łatwo przyswajającego kalorie. Pozwala mu bowiem bezboleśnie tracić kalorie i jeść z poczuciem większego komfortu.

Pod koniec dnia z 1500 kalorii zawartych w posiłkach wysokobiałkowych w organizmie zostaje tylko 1000 kalorii (po strawieniu). Tu właśnie kryje się jeden z sekretów planu Protal i jedno z głównych źródeł jego skuteczności. Ale to jeszcze nie wszystko.

Czyste proteiny zmniejszają apetyt

Spożywanie pokarmów słodkich lub tłustych, bardzo łatwo trawionych i przyswajanych, wywołuje jedynie chwilowe uczucie sytości, po którym natychmiast powraca głód. Udowodniono także, że podjadanie słodkich lub tłustych produktów nie opóźnia powrotu głodu ani nie wpływa na zmniejszenie ilości zjadanego później posiłku. Natomiast podjadanie produktów wysokobiałkowych opóźnia godzinę następnego posiłku i sprawia, że jest on mniejszy.

Co więcej, spożywanie wyłącznie produktów bogatych w białko powoduje wytwarzanie naturalnych biomarkerów sytości, dzięki którym dłużej nie czujemy głodu. Po dwóch, trzech dniach odżywiania opartego wyłącznie na proteinach, głód znika niemal całkowicie. Dlatego ludziom stosującym plan Protal nie grozi głód, który dokucza osobom przestrzegającym innych diet.

Czyste proteiny przeciwdziałają obrzękom i zatrzymywaniu wody

Niektóre diety czy sposoby odżywiania nazywane są „hydrofilowymi", ponieważ powodują zatrzymywanie wody w organizmie i w konsekwencji opuchliznę. To charakterystyczna cecha kuracji opartych na warzywach, dietach bogatych w owoce i sole mineralne.

W przeciwieństwie do nich odżywianie oparte na proteinach można raczej nazwać „hydrofobowym", ponieważ białka ułatwiają wydalanie moczu i osuszanie tkanek organizmu często zbyt napełnionych wodą, zwłaszcza przed miesiączką czy w okresie premenopauzy. Najlepsze efekty w usuwaniu wody z organizmu uzyskujemy oczywiście w pierwszej fazie planu Protal, czyli podczas kuracji uderzeniowej.

Ta właściwość białek jest szczególnie korzystna dla kobiet. Mężczyzna tyje przede wszystkim dlatego, że za dużo je i nadmiar kalorii gromadzi w postaci tłuszczu. Proces przybierania na wadze u kobiety jest często bardziej złożony i związany z zatrzymywaniem wody, która hamuje i zmniejsza efekty stosowanych diet odchudzających.

W niektórych fazach cyklu menstruacyjnego, na kilka dni przed krwawieniem lub na innych ważnych etapach życia kobiety, jak dojrzewanie płciowe i menopauza, ale także w pełni dojrzałości płciowej z powodu zakłóceń hormonalnych, kobiety – zwłaszcza z nadwagą – zatrzymują wodę w organizmie. Czują się wtedy napęczniałe i nabrzmiałe, nie mogą zdjąć pierścionków z powiększonych palców, ich nogi są ciężkie i spuchnięte w kostkach. Zatrzymywaniu wody towarzyszy często przybieranie na wadze. Jest ono odwracalne, ale może stać się chroniczne. Zdarza się, że kobiety z takimi problemami zaczynają stosować dietę, by odzyskać linię, i ze zdziwieniem stwierdzają, że środki, które zwykle działały, nagle stały się nieskuteczne.

We wszystkich takich przypadkach czyste białka spożywane w uderzeniowej fazie planu Protal mają natychmiastowe i decydujące działanie. W ciągu kilku dni, a czasem nawet kilku godzin napełnione wodą tkanki osuszają się. Powraca poczucie lekkości i zadowolenia, a towarzyszący temu spadek wagi zwiększa motywację do dalszej pracy.

Czyste proteiny zwiększają odporność organizmu

Chodzi tu o właściwość białek dobrze znaną dietetykom i już dawno zaobserwowaną przez zwykłych ludzi. Zanim odkryto lekarstwo na gruźlicę – antybiotyki, jednym z podstawowych sposobów jej leczenia było karmienie chorego zwiększoną ilością pokarmu bardzo bogatego w białko. W uzdrowisku Berck zmuszano nawet młodzież do picia krwi zwierzęcej. Dzisiaj trenerzy zalecają dietę bogatą w białko sportowcom, którzy bardzo forsują swój organizm. Podobnie postępują lekarze, chcąc zwiększyć odporność na infekcje chorych na anemię lub przyśpieszyć proces gojenia się ran.

Warto pamiętać o tej cennej właściwości białek, ponieważ każde odchudzanie osłabia organizm. Zauważyłem, że początkowa faza planu Protal, oparta wyłącznie na czystych proteinach, jest najbardziej stymulująca. Niektórzy pacjenci mówili mi nawet, że wprawiała ich w stan euforii, zarówno fizycznej, jak i mentalnej, i to już pod koniec drugiego dnia.

Czyste proteiny pozwalają schudnąć
bez utraty masy mięśniowej i zwiotczenia skóry

W tym stwierdzeniu nie ma niczego zaskakującego, jeśli się wie, że skóra i jej elastyczne tkanki oraz wszystkie mięśnie zbudowane są głównie z białek. Dieta uboga w proteiny zmuszałaby organizm do korzystania z białek znajdujących się w mięśniach i skórze, pozbawiając je elastyczności. Poza tym mogłaby spowodować osłabienie kości, które i tak są zagrożone u kobiet w okresie menopauzy. Stosowanie diety niskobiałkowej powoduje starzenie się tkanek, w tym skóry, włosów, i ogólne, widoczne dla otoczenia pogorszenie wyglądu. Już to wystarczy, by przerwać stosowanie takiej kuracji.

Dieta bogata w białka, a zwłaszcza kuracja uderzeniowa planu Protal, nie zmusza organizmu, by czerpał z własnych zapasów białek – dostarcza ich przecież mnóstwo. Dzięki temu szybka utrata kilogramów nie odbiera mięśniom sprężystości ani blasku skórze i pozwala chudnąć bez utraty młodego i ładnego wyglądu. Ta cecha planu Protal może się wydawać nieistotna kobietom, które są młode, kształtne oraz umięśnione i mają jędrną skórę, ale jest niezwykle ważna dla kobiet zbliżających się do menopauzy lub cechujących się słabą muskulaturą czy cienką i delikatną skórą. Pragnę przy okazji zauważyć, że widzi się dziś zbyt wiele kobiet, dla których jedynym wyznacznikiem piękna jest wskaźnik wagi. Tymczasem waga nie może i nie powinna odgrywać zasadniczej roli. Promienna cera, sprężysta skóra, jędrne ciało – to wszystko również decyduje o wyglądzie kobiety.

2. Podczas kuracji trzeba pić dużo wody

Kwestia picia odpowiedniej ilości wody nie zawsze jest zrozumiała. Na ten temat krążą przeróżne zdania oraz opinie i zawsze znajdzie się jakiś znawca, który obali słyszaną przez Was wczoraj teorię.

Otóż problem ten nie jest marketingowym chwytem przemysłu dietetycznego ani wymysłem odchudzających się. To bardzo ważna kwestia, która pomimo wysiłków podejmowanych wspólnie przez media, lekarzy, sprzedawców wód i wszystkich kierujących się zdrowym rozsądkiem, nigdy nie przebiła się dostatecznie do opinii publicznej ani osób stosujących dietę. Mówiąc prościej, może się wydawać, że aby się pozbyć tkanki tłuszczowej, należy przede wszystkim spalić kalorie. Jednak samo spalanie nie wystarczy. Chudnąć znaczy nie tylko spalać, ale także usuwać z organizmu uboczne produkty tego spalania.

Co pomyślałaby gospodyni domowa o wypranej, lecz niewypłukanej bieliźnie, czy umytych, ale niewypłukanych naczyniach? Podobnie z chudnięciem. Dieta, której nie towarzyszy odpowiednia dzienna racja wody, to zła dieta – jest nie tylko mało skuteczna, ale przyczynia się również do nagromadzenia w organizmie szkodliwych produktów ubocznych przemiany materii.

Woda oczyszcza i poprawia wyniki diety

Nie ulega wątpliwości, że im więcej wody się pije i im więcej wydala moczu, tym większą daje to nerkom możliwość usunięcia ubocznych produktów przemiany materii. Woda jest najlepszym, naturalnym środkiem moczopędnym. Zadziwiające, jak mało ludzi pije wystarczająco dużo wody.

Tysiące codziennych spraw zagłusza i w końcu tłumi naturalne uczucie pragnienia. Mijają dni i tygodnie, pragnienie zanika i przestaje odgrywać rolę systemu ostrzegania przed odwodnieniem tkanek. Wiele kobiet, których pęcherz moczowy jest mniejszy i bardziej wrażliwy niż u mężczyzn, wstrzymuje się od picia, aby uniknąć wychodzenia do ubikacji w czasie pracy lub podróży czy z powodu niechęci do korzystania z toalet publicznych.

Jednak to, co można zrozumieć w normalnych warunkach, jest zupełnie nie do przyjęcia w czasie kuracji odchudzającej. Jeżeli argumenty związane z higieną wydają się złudne, jest jeden, który przekona każdego: niedobór wody w czasie kuracji odchudzającej jest nie tylko toksyczny dla organizmu, ale może także zmniejszyć lub całkowicie uniemożliwić utratę wagi i zniweczyć wiele pracy i wysiłków. Dlaczego?

Ponieważ ludzki mechanizm spalania tłuszczu działa jak każdy silnik spalinowy. Spalona energia wydziela ciepło i szkodliwe odpadki. Jeśli te odpadki nie będą regularnie usuwane przez nerki, ich nagromadzenie doprowadzi prędzej czy później do przerwania spalania i uniemożliwi utratę wagi (nie pomoże nawet skrupulatne wypełnianie zaleceń diety). Tak samo byłoby z silnikiem samochodu, któremu zatkano rurę wydechową, lub z kominkiem, z którego nie wybierano popiołu. Jeden i drugi zgasłby pod stosem odpadów.

Błędy żywieniowe osoby otyłej, jej złe przyzwyczajenia, stosowanie zbyt gwałtownych lub niespójnych diet – wszystko to sprawia, że nerki stają się leniwe. Ktoś taki potrzebuje przede wszystkim dużych ilości wody, aby przywrócić sprawność swoim organom wydalania.

Początkowo picie dużych ilości wody może się wydawać nieprzyjemne i męczące, ale z czasem przyzwyczajenie bierze górę i zamienia się w potrzebę wzmacnianą dzięki miłemu uczuciu wewnętrznego oczyszczenia i szybszego chudnięcia.

Woda w połączeniu z proteinami pomaga zwalczać cellulit

Ta właściwość białek ucieszy przede wszystkim kobiety, ponieważ cellulit to tkanka tłuszczowa, która pod wpływem hormonów gromadzi się i odkłada w typowych dla kobiet miejscach: na udach, biodrach i kolanach.

Zaobserwowałem, że dieta proteinowa w połączeniu z ograniczeniem soli i zwiększeniem spożycia lekko zmineralizowanej wody pozwala na bardziej harmonijną utratę wagi. Pomaga także zeszczupleć w miejscach opornych na kuracje odchudzające, jak uda czy wewnętrzna część kolan.

W porównaniu z innymi dietami odchudzającymi stosowanymi wcześniej przez jedną z moich pacjentek, to właśnie połączenie protein i wody – przy takiej samej liczbie utraconych kilogramów – umożliwiało największą utratę centymetrów w biodrach i udach.

Rezultaty te można wyjaśnić „wodoszczelnym" działaniem białek i intensywną pracą nerek dzięki spożyciu bardzo dużych ilości wody. Woda przenika do wszystkich tkanek, także do tkanki tłuszczowej. Wpływa nieskazitelnie czysta, a wypływa słona i zanieczyszczona. Do akcji usunięcia soli i toksyn z komórek dochodzi jeszcze silne spalanie białek, co w sumie daje efekt, który wyróżnia tę dietę spośród wszystkich innych niewpływających bezpośrednio na cellulit.

Kiedy należy pić wodę?

W zbiorowej podświadomości wciąż pokutuje błędne przekonanie, że wodę należy pić między posiłkami (a nie w trakcie), aby uniknąć zatrzymywania wody przez pokarmy. Twierdzenie to nie ma żadnych fizjologicznych podstaw. Co więcej, w wielu przypadkach może przynieść zupełnie odwrotny skutek. Jeśli odmawiamy sobie picia w trakcie posiłków, choć czujemy pragnienie, to narażamy się na zupełne stłumienie pragnienia i zapomnienie o piciu w ciągu dnia, kiedy pochłonie nas praca i codzienne problemy.

W trakcie stosowania planu Protal, a zwłaszcza w jego pierwszej fazie, należy obowiązkowo – poza wyjątkowymi przypadkami zatrzymywania wody w organizmie z powodu zaburzeń hormonalnych lub niewydolności nerek – pić 1,5 litra wody dziennie, najlepiej wody mineralnej, ale także wszelkich innych płynów, herbaty, kawy czy naparów ziołowych.

Kubek herbaty przy śniadaniu, duża szklanka wody z rana, dwie kolejne przy obiedzie, po posiłku kawa, szklanka wody po południu i dwie przy kolacji – i tak oto bez problemu wypiliśmy dwa litry płynu.

Wiele pacjentek przyznało się, że aby pić mimo braku pragnienia, przyjęły mało elegancki, ale za to skuteczny zwyczaj picia prosto z butelki.

Jaką wodę należy pić?

- W fazie uderzeniowej planu Protal najlepiej sprawdzają się wody niskozmineralizowane, lekko moczopędne i lekko przeczyszczające, takie jak Vittel, Evian czy Volvic. Trzeba unikać wód o wysokiej zawartości soli jak Vichy czy Badoit.

- Hydroxydase to woda źródlana szczególnie pomocna w kuracjach oczyszczających, zwłaszcza w przypadku nadwagi połączonej z cellulitem występującym na nogach. Woda ta, sprzedawana w aptekach, może być z powodzeniem stosowana w czasie realizacji planu Protal. Najlepiej pić jedną butelkę na czczo.

- Wszyscy, którzy mają zwyczaj pić filtrowaną wodę z kranu, mogą to robić nadal. Najważniejsza jest ilość wody. Musi być wystarczająco duża, by pobudzić do pracy nerki, jej skład chemiczny jest mniej istotny.

- Podobnie jest z wszelkimi naparami, herbatkami ziołowymi z werbeny, lipy czy mięty. Wszyscy, którzy są do nich przyzwyczajeni i wolą pić napoje gorące, szczególnie zimą, mogą nadal oddawać się swoim małym rytuałom.

- Co do napojów gazowanych light, zwłaszcza coca-coli light – obecnie równie rozpowszechnionej jak zwykła coca-cola – ich spożywanie jest dozwolone. Zwykłem je nawet polecać w trakcie kuracji odchudzających, i to z kilku powodów. Po pierwsze wielu osobom łatwiej wypić 2 litry płynu w takiej postaci. Ponadto napoje light nie zawierają cukrów i kalorii (jedna kaloria na szklankę to odpowiednik wartości kalorycznej jednego orzeszka ziemnego na butelkę). Cola light, podobnie jak normalna coca-cola, ma bardzo mocny, intensywny smak, a jej picie – szczególnie przez osoby lubiące słodycze – może zmniejszyć ochotę na sięgnięcie po coś słodkiego. Wiele pacjentek przyznało, że picie smacznych napojów gazowanych bardzo im pomogło w czasie stosowania diety. Jedynym wyjątkiem, kiedy należy zrezygnować z tych napojów, jest dieta u dzieci i młodzieży. Z doświadczenia wynika, że w tym wieku cukry zastępcze nie spełniają swojej roli i w znikomym stopniu zmniejszają ochotę na słodycze. Ponadto nieograniczone spożywanie słodkich napojów może się przekształcić w nawyk picia dla samej przyjemności, a nie po to by ugasić pragnienie. Przyzwyczajenie takie może się później przerodzić w niepokojące uzależnienie.

Woda jest najlepszym naturalnym środkiem sycącym

W potocznej świadomości uczucie ssania w żołądku tożsame jest z głodem. Nie jest to całkiem błędne założenie. Woda pita w czasie posiłku miesza się z jedzeniem, zwiększając objętość kęsa pokarmowego, i w ten sposób powoduje rozciągnięcie żołądka, co daje poczucie napełnienia i jest pierwszą oznaką zaspokojenia głodu lub przejedzenia. To kolejny argument, by pić w czasie posiłków. Doświadczenie dowodzi, że sam gest picia i wkładania pokarmu do ust działa także poza posiłkami. Wystarczy o najbardziej niebezpiecznej porze dnia, czyli między godziną siedemnastą a dwudziestą, wypić dużą szklankę dowolnego napoju, by skutecznie zmniejszyć ochotę na jedzenie.

W dzisiejszych czasach wśród najbogatszych narodów zachodniego świata rozprzestrzenił się nowy rodzaj głodu. Jest to głód, który mieszkaniec Zachodu, osaczony nieskończoną wręcz liczbą dostępnych na wyciągnięcie ręki produktów żywnościowych, narzucił sobie sam, bo wie, że sięgając po te produkty, szybciej się zestarzeje lub umrze.

Zaskakujące, że w czasach, gdy zarówno zwykli ludzie, jak instytucje i laboratoria farmaceutyczne marzą o odkryciu skutecznego środka tłumiącego głód, niechętnie zastosuje się środek tak prosty, nieszkodliwy i skuteczny w zmniejszaniu apetytu, jakim jest woda.

3. Dieta powinna być bardzo uboga w sól

Sól jest składnikiem niezbędnym do życia, obecnym w różnych ilościach we wszystkich pokarmach. Dlatego dodawanie soli do potraw jest niepotrzebne. To przyprawa, która wprawdzie poprawia ich smak, ale zaostrza apetyt i często używana jest tylko z przyzwyczajenia.

Dieta uboga w sól nie jest wcale niebezpieczna dla organizmu

Nie tylko możemy, ale nawet powinniśmy przeżyć życie na diecie ubogiej w sól. Osoby chorujące na serce czy niewydolność nerek oraz nadciśnieniowcy używają mało soli, a nigdy nie cierpią na jej niedobór. Ostrożność w ograniczaniu ilości spożywanej soli powinni zachować jedynie niskociśnieniowcy. Dieta zbyt uboga w sól może zwiększyć filtrację krwi, zmniejszając jednocześnie jej objętość, a w konsekwencji dodatkowo obniżyć ciśnienie, powodując zmęczenie i zawroty głowy, zwłaszcza przy nagłym wstawaniu. Osoby z niskim ciśnieniem powinny ostrożnie stosować moją dietę i nie pić więcej niż 1,5 litra wody dziennie.

Zbyt słone posiłki powodują zatrzymywanie wody w tkankach

W krajach tropikalnych robotnicy regularnie dostają pastylki z solą, aby się nie odwodnić podczas pracy na słońcu.

U kobiet, szczególnie o dużej aktywności hormonalnej, przed miesiączką, w okresie premenopauzy lub w czasie ciąży, różne części ciała mogą być podatne na opuchnięcia i zatrzymywanie dużych ilości wody. U tych kobiet plan Protal, czyli kuracja usuwająca nadmiar wody z organizmu, przyniesie skutek pod warunkiem ograniczenia do minimum ilości spożywanej soli, pozwalając wodzie szybciej przepływać przez organizm. Podobne zalecenia otrzymują pacjentki w trakcie leczenia kortyzonem.

Zdarzają się osoby, które się skarżą, że potrafią przytyć nawet dwa kilogramy w jeden wieczór, jeśli na chwilę odstąpią od diety. Często taki wzrost masy ciała jest niewspółmierny do liczby spożytych kalorii. Kiedy przeanalizuje się posiłek, który był sprawcą nagłego przybrania na wadze, okazuje się często, że nie mógł on w żaden sposób dostarczyć organizmowi tylu kalorii, by spowodować tak drastyczne przytycie. Kto byłby w stanie w tak krótkim czasie wchłonąć 18 000 kalorii? Powodem „tycia" jest zazwyczaj w takich przypadkach posiłek zbyt słony, dodatkowo podlany dużą ilością alkoholu. Połączenie soli z alkoholem wystarcza, by zwolnić przepływ wody przez organizm. Nie można zapominać, że litr wody waży kilogram, a dziewięć gramów soli zatrzymuje litr wody w tkankach cały dzień, a czasami nawet dwa dni.

Dlatego, jeśli w trakcie kuracji zmuszeni jesteśmy odstąpić od diety z powodów rodzinnych czy zawodowych, pamiętajmy, by unikać nadmiernych ilości soli i nigdy nie łączyć jej z alkoholem. A przede wszystkim nie ważmy się następnego dnia, bowiem gwałtowny wzrost wagi może zmniejszyć nasz zapał, determinację i wiarę w siebie. Należy poczekać z tym dzień lub dwa, zaostrzyć nieco dietę, pić więcej wody mineralnej i ograniczyć spożycie soli – to powinno zapewnić powrót do poprzedniej wagi.

Sól zwiększa apetyt, a jej ograniczenie zmniejsza go

Słone potrawy zwiększają wydzielanie śliny i soków żołądkowych, co zaostrza apetyt. I odwrotnie: potrawy mało słone nie pobudzają żołądka do wydzielania soków trawiennych i nie zwiększają apetytu. Niestety, brak soli tłumi także pragnienie, a osoba przestrzegająca zaleceń planu Protal musi, szczególnie w pierwszej fazie diety, pić więcej płynów i spowodować powrót naturalnego pragnienia.

Podsumowanie

Dieta oparta na czystych proteinach, czyli pierwsza faza planu Protal i główna siła napędowa pozostałych etapów planu (połączonych ze sobą), to kuracja inna niż wszystkie. Tylko ona opiera się wyłącznie na jednym składniku odżywczym i jednej ściśle określonej kategorii produktów o maksymalnej zawartości białka. Stosując tę dietę i cały plan Protal, można zapomnieć o liczeniu kalorii. To, czy przyswoi się ich dużo czy mało, ma nikły wpływ na ostateczny rezultat kuracji. Najważniejsze, by nie wykraczać poza jedną, precyzyjnie określoną kategorię produktów.

Protal to jedyna metoda, która polega na tym, by jeść dużo, wręcz na zapas. Chodzi w niej o to, żeby zaspokoić głód, nim się pojawi, bo gdy się już pojawi, będzie trudny do ujarzmienia. Zaspokojenie głodu samymi produktami wysokobiałkowymi bywa czasem niemożliwe. Nieopanowany głód może skłonić do sięgania po produkty dające poczucie zadowolenia, ale o niskiej wartości odżywczej, za to ogromnym ładunku emocjonalnym – słodkie i tłuste, kaloryczne i destabilizujące.

Skuteczność omawianej kuracji wynika z zastosowania wyłącznie wyselekcjonowanych produktów. Dzięki temu jej działanie jest piorunujące. Kiedy jednak wykroczy się poza ściśle określoną kategorię produktów, działanie diety zostanie znacznie spowolnione i sprowadzone wyłącznie do smutnego liczenia kalorii. Tej kuracji nie można się poddać połowicznie. Kieruje nią zasada: „wszystko albo nic", która jest bliska psychologii osób otyłych, żyjących według tej właśnie zasady. Osoby z nadwagą, często obdarzone dużym temperamentem, bywają równie ascetyczne w wysiłku, co spontaniczne w braku umiaru. Znajdą one na każdym etapie tego planu zadania na swoją miarę, zadania, którym będą w stanie sprostać.

Podobieństwo między profilem psychologicznym osób otyłych a strukturą kuracji tworzy związek, którego znaczenie trudno pojąć osobom niemającym problemów z wagą, ale w praktyce to właśnie ten związek decyduje o skuteczności diety. To wzajemne przystosowanie daje ludziom wiarę i mocne przywiązanie do kuracji, co ułatwia utratę zbędnych kilogramów i jest niezwykle ważne na etapie ostatecznej stabilizacji, kiedy wszystko opiera się na jednym dniu diety proteinowej w tygodniu, na jednym dniu wyrównywania poczynionych szkód. Tylko taki uderzeniowy, ale zarazem skuteczny środek może zostać zaakceptowany przez tych, którzy od lat walczą ze skłonnością do nadwagi.

DANIA NA BAZIE CZYSTYCH PROTEIN

DANIA Z DROBIU

Chrupiące skrzydełka kurczaka

Czas przygotowania: 10 minut • Czas pieczenia: 10–20 minut

Porcja dla 2 osób

- 6 skrzydełek kurczaka
- 1 szklaneczka sosu sojowego
- 1 rozgnieciony ząbek czosnku
- 1 łyżka stołowa płynnego słodziku Hermesetas (lub innego słodziku niskokalorycznego)

- 4 łyżeczki mieszanki pięciu przypraw (anyżu, goździków, pieprzu, cynamonu, kopru włoskiego)
- 1 łyżeczka posiekanego świeżego imbiru

Wszystkie składniki włożyć do salaterki i wymieszać. Pozostawić w lodówce na 24 godziny, od czasu do czasu mieszając. Wstawić do piekarnika w naczyniu żaroodpornym i piec na grillu. Kiedy skrzydełka zaczną skwierczeć (po mniej więcej 5–10 minutach), odwrócić je i piec kolejne 5–10 minut.

Filety z indyka
w koszulkach

Czas przygotowania: 15 minut • Czas pieczenia: 30 minut
Porcja dla 4 osób

- 4 filety z indyka (100 g każdy)
- 4 łyżki stołowe musztardy
- 4 plasterki suszonego mięsa
  z Grisons

- zioła prowansalskie
- sól, pieprz

Rozgrzać piekarnik do 180°C. W razie potrzeby usunąć nadmiar tłuszczu z filetów, a następnie ułożyć je na kawałkach folii aluminiowej. Posmarować każdy filet łyżką musztardy, zawinąć w plaster mięsa z Grisons i posypać ziołami prowansalskimi. Doprawić solą i pieprzem. Skropić mięso odrobiną wody, zawinąć w folię i piec w piekarniku 30 minut.

Rosół ze skrzydełek kurczaka
z małżami

Czas przygotowania: 30 minut • Czas gotowania: 120 minut
Porcja dla 6 osób

- 2 cebule
- 1 główka czosnku
- 1,5 kg skrzydełek
  drobiowych
- 3 l wody
- 2 szalotki
- 4 łodygi selera naciowego

- 1 bouquet garni (bukiet przypraw:
  pietruszki, liścia laurowego
  i tymianku)
- 1 kg małży
- 6 gałązek szczypiorku
- 6 gałązek trybuli ogrodowej
- sól, pieprz

Obrać cebule, szalotki i czosnek. Zagotować 3 l lekko osolonej wody. Skrzydełka wrzucić do wrzątku, dodać cebule, szalotki, ząbki czosnku, łodygi selera, bouquet garni i pieprz. Gotować pod przykryciem 2 godziny na bardzo małym ogniu. Uwaga: zbyt mocny ogień sprawi, że rosół będzie zmącony. Kiedy rosół będzie gotowy, oczyścić małże i otworzyć je, smażąc na patelni na bardzo mocnym ogniu około 3 minut. Odlać sok powstały podczas smażenia i wyjąć małże z muszelek, pamiętając o zostawieniu kilku do dekoracji. Małże nałożyć na talerze i podlać odrobiną soku pozostałego po smażeniu. Następnie wyjąć na talerze skrzydełka z rosołu, doprowadzić wywar do wrzenia, doprawić solą i pieprzem. Na koniec zalać małże oraz skrzydełka rosołem i posypać drobno posiekanym szczypiorkiem i trybulą. Udekorować małżami w muszelkach. Podawać natychmiast.

Rosół z kury
po tajsku

Czas przygotowania: 15 minut • Czas gotowania: 120–180 minut
Porcja dla 2 osób

- 2 kawałki kurczaka
- 2 l zimnej wody
- 1 cebula pokrojona w ćwiartki
- 1 pęczek grubo posiekanej kolendry
- 2 świeże, roztarte łodygi trawy cytrynowej (tylko biała część)

- 2 rozdrobnione (lub nie) listki kaffir lime (przyprawa z kuchni indonezyjskiej)
- 1 łyżka stołowa posiekanego gałgantu chińskiego (lub imbiru)
- sól, pieprz

Kurczaka włożyć do głębokiego garnka i zalać zimną wodą. Doprowadzić do wrzenia i zebrać z jej powierzchni szumowiny. Zmniejszyć ogień, dodać pozostałe składniki i gotować 2–3 godziny na wolnym ogniu. Trawa cytrynowa i liście kaffir lime nadadzą potrawie cytrynowy smak. Używać wyłącznie pędów kolendry.

Szaszłyki z kurczaka
w musztardzie

Czas przygotowania: 20 minut • Czas pieczenia: 15 minut

Porcja dla 4 osób

- 4 filety z kurczaka
- 2 łyżki stołowe ostrej musztardy
- 1 łyżeczka soku z cytryny
- pół posiekanego ząbka czosnku
- 250 ml gorącej wody

- 1 kostka bulionowa o niskiej zawartości tłuszczu
- 50 ml chudego mleka
- 1 łyżeczka maizeny (skrobi kukurydzianej)

Filety z kurczaka pokroić na duże kawałki i włożyć do salaterki. W osobnej misce wymieszać musztardę z sokiem z cytryny, czosnkiem i bulionem rozpuszczonym w gorącej wodzie. Odlać jedną czwartą marynaty. Pozostałą marynatą zalać kurczaka, dobrze wymieszać i odstawić na 2 godziny do lodówki. Po tym czasie nabić kawałki kurczaka na patyki do szaszłyków i piec 15 minut w gorącym piekarniku.

Pozostałą marynatę wlać do rondelka, dodać mleko wymieszane z maizeną. Podgrzewać, aż sos zgęstnieje.

Szaszłyki z kurczaka w jogurcie

Czas przygotowania: 30 minut • Czas pieczenia: 10 minut

Porcja dla 2 osób

- 0,5 kg filetów z kurczaka
- 1 łyżeczka kurkumy
- szczypta ostrej papryki
- pół łyżeczki zmielonego kminku
- pół łyżeczki zmielonej kolendry

- pęczek małych cebulek
- 2 beztłuszczowe jogurty naturalne
- pół cytryny
- sól, pieprz

Filety z kurczaka pokroić na kawałki. Włożyć do głębokiego naczynia, dodać jogurt i przyprawy. Wszystko dokładnie wymieszać, przykryć i wstawić na 3 godziny do lodówki. Następnie odlać marynatę i nabić kawałki kurczaka na przemian z ćwiartkami cebuli na drewniane patyczki do szaszłyków, doprawić solą i pieprzem. Piec 10 minut w piekarniku (na grillu).

W tym czasie obrać i posiekać 2 cebulki, a następnie przyrumienić je na teflonowej patelni na wolnym ogniu. Zalać je marynatą i delikatnie podgrzewać, nie doprowadzając do wrzenia. Doprawić solą i pieprzem. Na koniec skropić sokiem z cytryny. Podawać szaszłyki z tak przygotowanym sosem.

Szaszłyki z kurczaka w ziołach

Czas przygotowania: 30 minut • Czas pieczenia: 8–10 minut
Porcja dla 5 osób

- 1 kg filetów z kurczaka
- 250 ml beztłuszczowego jogurtu
- 1 łyżeczka słodkiej papryki
- 1 łyżeczka kurkumy
- 1 łyżeczka zmielonego kminku
- 1 łyżeczka zmielonej kolendry
- 1 łyżeczka startego imbiru
- 1 starty ząbek czosnku

25 drewnianych patyczków do szaszłyków namoczyć w wodzie, dzięki czemu nie spalą się w czasie pieczenia. Usunąć nadmiar tłuszczu z filetów i pokroić je w dużą kostkę. Przygotować marynatę z jogurtu i wszystkich przypraw. Nabić kawałki kurczaka na patyczki, ułożyć na talerzu i zalać marynatą. Pozostawić na kilka godzin lub całą noc w lodówce. Następnie piec na grillu 8–10 minut, aż mięso będzie miękkie i zrumienione na złoty kolor.

Marynowane szaszłyki z kurczaka

Czas przygotowania: 30 minut • Czas pieczenia: 10 minut

Porcja dla 4 osób

- 4 filety z kurczaka
- 4 ząbki czosnku
- 2 cytryny
- 1 łyżeczka zmielonego kminku

- 1 łyżeczka tymianku
- 1 zielona lub czerwona papryka
- 8 młodych cebulek
- sól, pieprz

Dzień przed podaniem potrawy pokroić filety na kawałki. Włożyć je do głębokiego talerza, dodać posiekany czosnek, sok z cytryny, kminek, tymianek, sól i pieprz. Przykryć folią aluminiową i pozostawić w chłodnym miejscu na całą noc. Paprykę pokroić w kostkę. Cebulki obrać i pokroić w ćwiartki. Następnie nabijać mięso na przemian z warzywami na patyczki do szaszłyków, posmarować marynatą i piec na ruszcie albo na grillu w piekarniku 5 minut z każdej strony.

Keks z indyka

Czas przygotowania: 15 minut • Czas pieczenia: 20–30 minut

Porcja dla 4 osób

- 4 eskalopki z piersi indyka (lub kurczaka)
- 1 duża cebula pokrojona na cienkie paseczki

- 2 łyżki stołowe przypraw (ziarna kminku, bazylia, zioła prowansalskie, sól, pieprz, papryka, imbir)
- 6 jajek
- 2 łyżki stołowe maizeny

Rozgrzać piekarnik do 180°C. Zmiksować mięso z cebulą, dodać zioła i przyprawy, wbić jajka i dodać maizenę. Włożyć masę do formy na keks lub do żaroodpornego naczynia do kąpieli wodnej i piec w piekarniku 20–30 minut.

Kogucik w limonkach zapiekany w słonej skorupce

Czas przygotowania: 25 minut • Czas pieczenia: 50 minut

Porcja dla 2 osób

- 1 bouquet garni
- 2 limonki
- 1 cebula
- 1 kogucik (400-500 g)

- 1 l wody
- 2 białka
- 2 kg grubej soli
- sól, pieprz

Dzień wcześniej wrzucić do 1 l zimnej wody bouquet garni, sok wyciśnięty z 1 limonki, obraną i pokrojoną na kawałki cebulę, sól, pieprz oraz kogucika. Następnego dnia natrzeć środek kogucika marynatą. Wymieszać białka z grubą solą i wysmarować nimi żaroodporne naczynie. Ułożyć w nim kogucika i przykryć pozostałą solą. Piec w piekarniku 50 minut w temperaturze 210°C.

Przed podaniem rozbić łyżką skorupkę z soli, podzielić kogucika na pół i skropić sokiem z limonki.

Udka kurczaka w papilotach

Czas przygotowania: 10 minut • Czas pieczenia: 45 minut

Porcja dla 2 osób

- 100 g beztłuszczowego twarożku
- 1 posiekana szalotka
- 1 łyżka stołowa posiekanej pietruszki

- 20 posiekanych gałązek szczypiorku
- 2 udka kurczaka
- sól, pieprz

Rozgrzać piekarnik do 150°C. Przygotować farsz: wymieszać twarożek, szalotkę, pietruszkę i szczypiorek. Doprawić solą i pieprzem. Zdjąć skórę z udek kurczaka, a następnie ostrym nożem zrobić w miejscu, gdzie mięso jest najgrubsze, nacięcie długości około 2 cm i głębokości około 1,5 cm. Wypełnić nacięcia farszem, a jego resztą posmarować całe udka. Wyciąć dwa kwadraty z folii aluminiowej, ułożyć na nich udka i zawinąć folię, łącząc brzegi. Na dno żaroodpornego naczynia wlać odrobinę wody, położyć papiloty i wstawić do piekarnika. Piec około 45 minut.

Indyk w mleku

Czas przygotowania: 20 minut • Czas pieczenia: 50 minut
Porcja dla 4 osób

- 5 ząbków czosnku
- 1 filet z z indyka (ok. 1 kg)
- szczypta gałki muszkatołowej

- 1 l chudego mleka
- sól, pieprz

Rozgrzać piekarnik do 210°C. Obrać ząbki czosnku. Indyka doprawić solą i pieprzem, natrzeć gałką muszkatołową. Ułożyć indyka w rondlu z powłoką zapobiegającą przywieraniu. Dodać ząbki czosnku. Wlać mleko – mięso powinno być co najmniej w trzech czwartych zanurzone w nim. Delikatnie podgrzewać 5 minut na wolnym ogniu. Wstawić do piekarnika na mniej więcej 50 minut. Co 10 minut odwracać indyka. Po 50 minutach przykryć rondel i pozostawić na kolejne 10 minut w wyłączonym piekarniku.
Podawać z powstałym sosem.

Eskalopki z indyka w papilotach

Czas przygotowania: 20 minut • Czas pieczenia: 25 minut
Porcja dla 4 osób

- 4 cienkie plastry piersi indyczej
- 100 g beztłuszczowego twarożku
- 1 łyżeczka maizeny
- 2 łyżeczki musztardy z Meaux

- 2 łyżeczki musztardy z Dijon
- 2 łyżeczki różowego pieprzu
- 2 gałązki tymianku
- sól, pieprz

Rozgrzać piekarnik do 180°C. Eskalopki podsmażyć na patelni z powłoką zapobiegającą przywieraniu lub grillować 1 minutę z każdej strony. Przełożyć mięso na talerz. Twarożek ubić z maizeną i musztardą w miseczce. Doprawić solą i pieprzem, dodać zmielony różowy pieprz.

Z papieru do pieczenia wyciąć cztery prostokąty 20 × 30 cm. Ułożyć eskalopki na papierze i nałożyć na nie sos. Posypać posiekanym tymiankiem. Zamknąć papiloty, kilkakrotnie zawijając papier. Następnie ułożyć je na blasze i wstawić do piekarnika na mniej więcej 25 minut. Podawać gorące.

Eskalopki
z kurczaka tandoori

Czas przygotowania: 15 minut • Czas pieczenia: 20 minut

Porcja dla 6 osób

- 2 beztłuszczowe jogurty
- 2 łyżeczki tandoori masala (indyjska mieszanka przypraw)
- 3 rozgniecione ząbki czosnku
- starty korzeń imbiru (ok. 2 cm)

- odrobina ostrej papryki
- sok z 1 cytryny
- 6 cienkich plastrów z piersi kurczaka
- sól, pieprz

Wszystkie składniki (poza mięsem) dokładnie wymieszać. Należy dobrze rozdrobnić czosnek oraz paprykę i zetrzeć imbir, by masa miała jednolitą konsystencję. Mięso kurczaka ponacinać, aby substancje aromatyczne z jogurtowej marynaty mogły przeniknąć do wnętrza. Marynować całą noc w lodówce. Następnego dnia piec około 20 minut w średnio nagrzanym piekarniku (temperatura 180°C), a następnie przyrumienić na grillu.

Grillowane eskalopki drobiowe
w jogurcie i curry
Czas przygotowania: 5 minut • Czas pieczenia: 5 minut

Porcja dla 4 osób

- 2 beztłuszczowe jogurty
- 3 łyżeczki curry

- 4 cienkie eskalopki drobiowe
- sól, pieprz

Rozgrzać grill. Jogurt wymieszać z solą, pieprzem i curry. W tak przygotowanej marynacie moczyć eskalopki mniej więcej 2 godziny w chłodnym miejscu. Eskalopki piec na grillu 5 minut, smarując je w tym czasie 1–2 razy marynatą.

Kurczak z trawą cytrynową
Czas przygotowania: 30 minut • Czas gotowania: 55 minut

Porcja dla 8 osób

- 1,5 kg cienkich plastrów z piersi kurczaka
- 2 małe cebulki
- 3 łodygi trawy cytrynowej
- szczypta słodkiej papryki
- 2 łyżki stołowe nuoc mam (wietnamska przyprawa w płynie)

- 2 łyżki stołowe sosu sojowego
- 2 łyżki stołowe Hermesetas (lub innego słodziku niskokalorycznego)
- sól, pieprz
- olej do smażenia

Kurczaka pokroić na kawałki. Cebule obrać i pokroić na cienkie paseczki. Trawę cytrynową drobniutko pokroić. Mięso podsmażyć na odrobinie oleju, tak by się przyrumieniło (około 10 minut). Dodać cebule, trawę cytrynową, paprykę, nuoc mam, sos sojowy, sól, pieprz i Hermesetas. Zmniejszyć ogień, przykryć i dusić 45 minut.

Kurczak po indyjsku

Czas przygotowania: 40 minut • Czas gotowania: 60 minut
Porcja dla 4 osób

- 1 cytryna
- 1 korzeń imbiru
- 3 ząbki czosnku
- 1 kurczak pokrojony na kawałki
- 3 beztłuszczowe jogurty naturalne
- 3 łyżeczki mielonego cynamonu
- 1/4 łyżeczki pieprzu kajeńskiego
- 1 łyżeczka nasion kolendry

- 3 goździki
- 10 listków mięty
- 2 cebule
- 1 łyżka stołowa wody
- 1 drobiowa kostka bulionowa
  bez tłuszczu
- sól, pieprz

Cytrynę obrać ze skórki. Imbir obrać i posiekać, tak aby uzyskać 4 łyżki stołowe. Czosnek obrać i posiekać. W dużym talerzu wymieszać jogurty, imbir, czosnek, przyprawy, cytrynę i posiekane listki mięty. Do tak przygotowanej marynaty włożyć posypane solą i pieprzem kawałki kurczaka i wstawić go do lodówki na 24 godziny.

Następnego dnia cebule pokroić na cienkie paseczki i zeszklić z odrobiną wody w szerokim rondlu do smażenia z powłoką zapobiegającą przywieraniu, następnie dodać kurczaka z całą marynatą. Gotować na wolnym ogniu mniej więcej 1 godzinę. Do powstałego sosu dodać kostkę bulionową. Podawać na gorąco.

Kurczak w imbirze

Czas przygotowania: 20 minut • Czas gotowania: 60 minut
Porcja dla 4 osób

- 1 kurczak
- 2 duże cebule
- 3 ząbki czosnku
- kilka goździków

- 5 g startego imbiru
- sól, pieprz
- odrobina oliwy
- woda

Kurczaka pokroić na kawałki. Obraną i pokrojoną cebulę oraz posiekane ząbki czosnku przysmażyć na lekko naoliwionej patelni na małym ogniu. Dodać kawałki kurczaka z powtykanymi goździkami. Zalać wodą. Dodać starty imbir. Doprawić solą i pieprzem. Gotować na wolnym ogniu aż do całkowitego wyparowania wody.

Kurczak w tymianku

Czas przygotowania: 35 minut • Czas gotowania: 30–35 minut
Porcja dla 4 osób

- 1 kurczak
- 1 wiązka świeżego tymianku
- 2 szare szalotki
- 3 beztłuszczowe jogurty
- pół cytryny

- pęczek natki pietruszki
- kilka listków mięty
- 1 ząbek czosnku
- sól, pieprz
- woda

Kurczaka pokroić na kawałki i przyprawić. Do dolnej części naczynia do gotowania na parze nalać sporą ilość wody, posolić ją i doprowadzić do wrzenia. Połowę gałązek tymianku ułożyć w górnej części naczynia. Na tymianku ułożyć kawałki kurczaka, nakryć je pozostałymi gałązkami tymianku i obranymi oraz pokrojonymi na cienkie plasterki szalotkami. Przykryć naczynie i gotować kurczaka 30–35 minut od momentu pojawienia się pary.

Jogurty wlać do miski, dodać sok z połowy cytryny oraz umyte, odsączone i posiekane listki mięty, natkę pietruszki oraz rozgnieciony ząbek czosnku. Doprawić solą i pieprzem. Dokładnie wymieszać i odstawić w chłodne miejsce. Podawać jako sos do kurczaka.

Kurczak w jogurcie

Czas przygotowania: 15 minut • Czas gotowania: 90 minut
Porcja dla 4 osób

- 1 kurczak
- 120 g posiekanej cebuli
- 2 beztłuszczowe jogurty
- pół łyżeczki zmielonego imbiru
- pół łyżeczki zmielonej papryki

- 2 łyżeczki soku z cytryny
- 2 łyżeczki curry
- skórka z połowy cytryny
- sól, pieprz

Kurczaka pokroić na kawałki, zdjąć skórę i ułożyć na patelni z powłoką zapobiegającą przywieraniu. Pozostałe składniki wymieszać i dodać do kurczaka. Przykryć patelnię. Gotować na małym ogniu około 1,5 godziny. Doprawić do smaku wedle uznania. W razie potrzeby pod koniec gotowania zdjąć pokrywkę z patelni, by odparować sos.

Kurczak w cytrynach

Czas przygotowania: 15 minut • Czas gotowania: 45 minut
Porcja dla 2 osób

- 0,5 kg fileta z kurczaka
- 1 pokrojona na cienkie plasterki cebula
- 2 ząbki czosnku
- pół łyżeczki posiekanego imbiru
- sok i skórka z 2 cytryn

- 2 łyżki stołowe sosu sojowego
- 1 bouquet garni
- szczypta cynamonu
- szczypta zmielonego imbiru
- sól, pieprz
- 150 ml wody

Mięso pokroić na średniej wielkości kawałki. Cebule, czosnek i imbir smażyć 3–4 minuty na małym ogniu w rondlu z powłoką zapobiegającą przywieraniu. Dodać mięso i podsmażać 2 minuty na dużym ogniu, mieszając szpatułką. Skropić sokiem z cytryny, dolać sos sojowy i 150 ml wody. Dodać bouquet garni, cynamon, zmielony imbir, startą skórkę z cytryny. Doprawić solą oraz pieprzem i gotować 45 minut pod przykryciem na małym ogniu. Podawać gorące.

Kurczak egzotyczny

Czas przygotowania: 20 minut • Czas gotowania: 80 minut

Porcja dla 4 osób

- 4 podudzia kurczaka
- 2 ząbki czosnku
- 2 cebule
- 3 beztłuszczowe jogurty
- szczypta quatre-épices (francuska mieszanka 4 przypraw: pieprzu, goździków, gałki muszkatołowej i imbiru zmieszanych w zbliżonych proporcjach)

- 2 łyżeczki curry
- 1 laska cynamonu
- 2 łyżeczki kminku
- 10 nasion kardamonu
- 10 g szafranu w nitkach
- szczypta pieprzu kajeńskiego
- odrobina oliwy

Zdjąć skórę z udek kurczaka i podsmażyć je na średnim ogniu w lekko naoliwionym szerokim rondlu do smażenia. Dodać drobno pokrojone cebule i posiekany czosnek. Przyrumienić. Jogurt ubić z quatre-épices i curry, a następnie wlać do rondla z kurczakiem. Dusić pod przykryciem na małym ogniu 50 minut. Następnie dodać laskę cynamonu, kminek, kardamon, szafran i pieprz kajeński. Gotować kolejne 30 minut.

Przełożyć udka do podgrzanego talerza. Przecedzić sos, a następnie ubijać go kilka sekund mikserem, aby miał gładką konsystencję. Polać udka sosem i natychmiast podawać.

Kurczak tandoori

Czas przygotowania: 30 minut • Czas pieczenia: 35 minut

Porcja dla 4 osób

- 4 udka z kurczaka
- sok z cytryny
- 4 łyżeczki pasty curry tandoori

- 2 beztłuszczowe jogurty
- 1 ząbek czosnku
- sól, pieprz

Zdjąć skórę z udek i podzielić je na pół. Ponacinać mięso w wielu miejscach. Ułożyć kawałki kurczaka w głębokim talerzu i skropić je sokiem z cytryny. W dużej misce wymieszać pastę curry tandoori z jogurtem i rozgniecionym ząbkiem czosnku. Delikatnie doprawić solą oraz pieprzem i uzyskanym sosem zalać mięso. Przykryć i marynować je co najmniej 6 godzin w lodówce, przewracając w tym czasie udka w marynacie 2–3 razy.

Wyjąć udka z marynaty, osączyć i grillować je w piekarniku 35 minut, przewracając i skrapiając 3–4 razy resztą marynaty.

Ryjetki z kurczaka

Czas przygotowania: 15 minut • Czas smażenia: 5 minut

Porcja dla 3 osób

- 0,5 kg fileta z piersi kurczaka (lub indyka)
- 2 posiekane cebule
- 5 posiekanych korniszonów
- 100 ml beztłuszczowego jogurtu

- szczypta zmielonej papryki
- szczypta gałki muszkatołowej
- sól, pieprz
- odrobina oliwy

Podsmażyć kurczaka na lekko naoliwionej patelni na dużym ogniu, aż się przyrumieni. Zmiksować z pozostałymi składnikami aż do uzyskania jednolitej masy. Przełożyć masę do kamionkowego naczynia i wstawić do lodówki na co najmniej 2 godziny.

Pieczeń z kurczaka w cytrynach i kaparach

Czas przygotowania: 20 minut • Czas pieczenia: 20 minut
Porcja dla 4 osób

- 1 drobno pokrojona czerwona cebula
- 0,8 kg fileta z kurczaka pokrojonego w wąskie paski
- starta skórka z 1 cytryny
- 1 łyżka stołowa małych kaparów osączonych z marynaty i opłukanych

- 75 ml soku z cytryny
- 5 posiekanych listków bazylii
- sól, pieprz
- odrobina oliwy

Drobno pokrojoną cebulę zeszklić na delikatnie naoliwionej patelni z powłoką zapobiegającą przywieraniu. Cebulę zdjąć z patelni. Na tej samej patelni smażyć 15 minut na średnim ogniu kawałki kurczaka. Dodać cebulę, skórkę z cytryny, kapary, sok z cytryny, bazylię, sól i pieprz. Podawać na gorąco.

Pieczeń z kurczaka z papryką

Czas przygotowania: 35 minut • Czas pieczenia: 6 minut
Porcja dla 4 osób

- 4 filety z kurczaka
- 6 małych czerwonych cebulek (lub szalotek)
- 3-6 świeżych czerwonych papryk
- 4 ząbki czosnku

- kawałek świeżego imbiru
- 1 łodyga trawy cytrynowej
- 150 ml wody
- sól, pieprz

Każdy filet pokroić wzdłuż na 8 kawałków. Jedną cebulę pokroić na cienkie krążki do dekoracji potrawy. Umyć i obrać papryki oraz cebule (lub szalotki). Dokładnie zmiksować papryki, połowę imbiru i i trawę cytrynową. Odstawić. Czosnek, cebulę i drugą połowę imbiru również zmiksować.

Podsmażyć paprykowe purée na patelni z powłoką zapobiegającą przywieraniu (1–2 minuty). Dodać kawałki kurczaka, dokładnie wymieszać, tak by mięso było obtoczone papryką. Wlać wodę, dodać purée z cebuli. Doprawić solą i pieprzem. Gotować bez przykrycia 5 minut na mocnym ogniu. Potrawę podawać gorącą, udekorowaną krążkami cebuli.

Suflet z wątróbek drobiowych

Czas przygotowania: 20 minut • Czas pieczenia: 30 minut
Porcja dla 2 osób

- 250 g wątróbek drobiowych
- 1 obrany ząbek czosnku
- 1 wiązka natki pietruszki
- 4 jajka

- 500 ml sosu beszamel dr. Dukana
- sól, pieprz
- odrobina oliwy

Wątróbki podsmażyć na lekko naoliwionej patelni z powłoką zapobiegającą przywieraniu, następnie posiekać je z czosnkiem i pietruszką. Oddzielić białka od żółtek.

Do beszamelu dodać posiekane wątróbki i żółtka jaj. Wymieszać. Ubić białka na sztywną pianę i dodać je do wątróbki. Dobrze przyprawić solą i pieprzem. Przełożyć do żaroodpornej formy. Wstawić do piekarnika nagrzanego do 180°C i piec około 30 minut, aż suflet się zrumieni.

Terrine z wątróbek drobiowych

Czas przygotowania: 15 minut • Czas smażenia: 5 minut
Porcja dla 4 osób

- 300 g wątróbek drobiowych
- 3 łyżki stołowe octu malinowego
- 1 wiązka estragonu

- 150 ml beztłuszczowego twarożku
- sól, pieprz
- odrobina oliwy

Wątróbki usmażyć na mocnym ogniu na lekko naoliwionej patelni z powłoką zapobiegającą przywieraniu. Rozcieńczyć wywar, który powstał w trakcie smażenia, octem malinowym. Doprawić wszystko solą i pieprzem. Oberwać listki estragonu i wrzucić je do miksera razem z wątróbkami i twarożkiem. Zmiksować na purée i przełożyć do formy.

Odstawić w chłodne miejsce na 24 godziny.

Terrine z szynki

Czas przygotowania: 40 minut • Bez gotowania
Porcja dla 4 osób

- 2 torebki żelatyny
- 0,5 l wody
- 1 duży pęczek natki pietruszki

- 200 g szynki z kurczaka (lub szynki z indyka)

W rondelku rozpuścić 2 torebki żelatyny w 0,5 l wody. Powoli doprowadzić płyn do wrzenia, ciągle mieszając. Gdy się zagotuje, natychmiast zdjąć go z ognia i odstawić, by ostygł. Pietruszkę umyć, odciąć łodyżki i posiekać. Wlać cienką warstwę żelatyny do formy i wstawić na 3 minuty do zamrażarki. Pozostałą żelatynę wymieszać z posiekaną pietruszką i kurczakiem (lub indykiem). Przełożyć połowę mieszanki do formy i wstawić na 15 minut do zamrażalnika. Po tym czasie dodać pozostałą mieszankę i wstawić na 2 godziny do lodówki.

Przy wyjmowaniu terrine z formy zanurzyć dno naczynia w gorącej wodzie.

Terrine drobiowe
Czas przygotowania: 45 minut • Czas gotowania: 60 minut

- 1 kurczak (ok. 1,5 kg)
- 2 marchewki
- 2 pomidory
- 1 por
- 1 cebula

- 1 pęczek estragonu
- 1 białko jaja
- 1 łyżeczka różowego pieprzu
- sól, pieprz
- 1 l wody

Kurczaka podzielić na części. Obrać warzywa i włożyć je do garnka z 1 l wody, doprowadzić do wrzenia. Dodać kurczaka, doprawić go solą i pieprzem, gotować pod przykryciem na małym ogniu 1 godzinę, następnie usunąć szumowiny.

Wyjąć kurczaka, osączyć i odkroić mięso, a potem drobno je posiekać. Pomidory obrać i pokroić na ósemki. Kawałki kurczaka ułożyć w formie na przemian z kawałkami pomidora i listkami estragonu. Bulion doprowadzić do wrzenia i poczekać, aż odparuje (powinno zostać około 250 ml bulionu).

Ubić białka na sztywną pianę, dodać do bulionu i gotować 1 minutę. Ostudzić i przecedzić. Zalać kurczaka bulionem i posypać różowym pieprzem. Ułożyć kilka kawałków pomidora i kilka listków estragonu. Po kilku godzinach wyjąć terrine z formy na talerz. Przechowywać w lodówce, podawać schłodzone.

Tymbala z indyka
Czas przygotowania: 30 minut • Czas pieczenia: 20 minut
Porcja dla 2 osób

- 250 g eskalopków
  z indyka
- 3 łyżki stołowe beztłuszczowego
  twarożku
- 1 posiekana szalotka

- 1 łyżka stołowa
  posiekanej pietruszki
- pół ząbka czosnku
- 1 cytryna
- sól, pieprz

Rozgrzać piekarnik do 180°C. Pokroić eskalopki na cienkie paseczki. Wymieszać twarożek z szalotką, posiekaną pietruszką, rozgniecionym czosnkiem, odrobiną soku z cytryny. Doprawić solą i pieprzem.

W formie z powłoką zapobiegającą przywieraniu ułożyć warstwami mięso indyka na zmianę z twarożkiem, na wierzchu powinien znaleźć się indyk. Piec 20 minut w naczyniu z kąpielą wodną. Wyjąć z formy. Podawać gorące.

DANIA Z MIĘSA

Przekąska z szynki

Czas przygotowania: 15 minut • Bez gotowania

Porcja dla 4 osób

- 170 g chudej szynki pokrojonej
  w kostkę
- 225 g beztłuszczowego serka
  Gervais (serka topionego)
- kilka drobno posiekanych
  gałązek szczypiorku
- 4 drobno posiekane
  szalotki
- majeranek lub inna
  przyprawa wedle gustu
- kilka kropli sosu tabasco

Wszystkie składniki dokładnie wymieszać. Uformować małe kuleczki.

Wołowina Luc Lac

Czas przygotowania: 10 minut • Czas smażenia: 10 minut

Porcja dla 2 osób

- 400 g wołowiny
- 2 łyżki stołowe sosu sojowego
- 1 łyżka stołowa sosu ostrygowego
- 1 duży kawałek korzenia imbiru

- 4 ząbki czosnku
- pieprz
- kilka łodyżek kolendry
- odrobina oleju

Mięso pokroić w 1-centymerową kostkę. Doprawić sosem sojowym, sosem ostrygowym, startym korzeniem imbiru i pieprzem. Marynować co najmniej 30 minut. Tuż przed podaniem naoliwić delikatnie patelnię i zeszklić na niej zmiażdżone ząbki czosnku. Kiedy czosnek się przyrumieni i zacznie ładnie pachnąć, dodać mięso i smażyć je na bardzo mocnym ogniu około 15 sekund, ciągle mieszając. Mięso nie powinno być dobrze wysmażone, tylko odrobinę krwiste. Udekorować kilkoma łodyżkami kolendry.

Pulpety wołowe w ziołach

Czas przygotowania: 30 minut • Czas smażenia: 5 minut na każdą partię pulpetów

Porcja dla 3 osób

- 1 średnia cebula
- 750 g mielonej wołowiny
- 2 ząbki czosnku
- 1 jajko
- 1 łyżka stołowa chińskiego sosu śliwkowego

- 1 łyżka stołowa sosu worcestershire
- 2 łyżki stołowe rozmarynu
- 1–2 łyżki stołowe mięty (lub bazylii)
- sól, pieprz
- odrobina oliwy

Wymieszać posiekaną cebulę, mielone mięso, zmiażdżony czosnek, roztrzepane jajko, sosy i drobno posiekane zioła. Doprawić solą i pieprzem. Uformować pulpeciki wielkości orzecha. Smażyć około 5 minut w szerokim rondlu w niewielkich porcjach na średnim ogniu, tak aby pulpety przyrumieniły się z każdej strony. Odsączyć, układając na papierowym ręczniku. Podawać z sosem pomidorowym.

Pulpety orientalne

Czas przygotowania: 20 minut • Czas gotowania: 20 minut

Porcja dla 3 osób

- 0,5 kg chudej mielonej cielęciny
- 1–2 szklanki wody
- 3 łyżki stołowe sosu sojowego
- 2 łyżki stołowe octu xeres (białego wina hiszpańskiego)
- pół kostki bulionu wołowego bez tłuszczu

- 2 duże obrane ząbki czosnku
- pół łyżeczki świeżego startego korzenia imbiru
- 2 cienko pokrojone szalotki
- 1 łyżeczka maizeny
- sól, pieprz
- odrobina oliwy

Z mięsa uformować małe pulpeciki. Przyrumienić je z każdej strony na mocnym ogniu na lekko naoliwionej patelni z powłoką zapobiegającą przywieraniu. Odstawić.

Do naczynia wlać szklankę wody, dolać sos powstały po smażeniu mięsa i wymieszać. Dodać wszystkie pozostałe składniki poza maizeną. Całość dokładnie wymieszać, wrzucić pulpeciki. Dolać tyle wody, by pulpety były zanurzone w sosie, ale nie całkowicie. Gotować 10 minut na średnim ogniu. Można dodać rozpuszczoną w wodzie maizenę, by zagęścić sos.

Żeberka cielęce wiktoriańskie

Czas przygotowania: 15 minut • Czas pieczenia: 40–50 minut

Porcja dla 2 osób

- 0,5 kg pomidorów w puszce
- 150 g startej marchewki
- 150 g posiekanego selera

- 1 łyżeczka posiekanej świeżej bazylii
- 2 żeberka cielęce
- sól, pieprz

Przełożyć pomidory z puszki do salaterki. Dodać marchewkę, seler, bazylię, sól i pieprz. Wymieszać. Sos wlać do małego żaroodpornego naczynia. Do formy włożyć żeberka, tak by całkowicie zanurzyły się w sosie. Piec 40–50 minut w średnio nagrzanym piekarniku.

Wątróbki cielęce w occie malinowym

Czas przygotowania: 15 minut • Czas smażenia: 10 minut

Porcja dla 1 osoby

- 1 mała cebula pokrojona na cienkie krążki
- 100 g wątróbki cielęcej
- 1 posiekana szalotka
- 1 łyżka stołowa octu malinowego

- 1 łyżeczka tymianku
- pół liścia laurowego
- sól, pieprz
- odrobina oliwy

Krążki cebuli zeszklić na średnim ogniu na lekko naoliwionej patelni z powłoką zapobiegającą przywieraniu. Kiedy cebula się przyrumieni, przełożyć ją na osobny talerz. Wątróbki smażyć mniej więcej 4 minuty z każdej strony na tej samej patelni. Doprawić je solą i pieprzem, zdjąć z patelni i przykryć, aby pozostały ciepłe.

Na tej samej patelni zeszklić szalotkę na średnim ogniu. Dodać ocet malinowy, tymianek, listek laurowy i smażyć wszystko 2 minuty, ciągle mieszając. Dodać wątróbkę, by się podgrzała z pozostałymi składnikami. Podawać natychmiast.

Królik w papilotach

Czas przygotowania: 15 minut • Czas pieczenia: 50 minut
Porcja dla 2 osób

- 2 bardzo cienkie
  eskalopki drobiowe
- 2 combry z królika

- tymianek, liść laurowy,
  cząber lub rozmaryn
- sól, pieprz
- odrobina oliwy

Eskalopki usmażyć na mocnym ogniu na lekko naoliwionej patelni
z powłoką zapobiegającą przywieraniu. Podzielić combry na 2 części
i każdą część owinąć połową eskalopka. Ułożyć mięso na kawałkach folii
aluminiowej, posypać ziołami i doprawić wedle gustu. Zawinąć papiloty
i wstawić na 50 minut do piekarnika nagrzanego do 220°C.

Królik w pikantnym sosie

Czas przygotowania: 30 minut • Czas gotowania: 75 minut
Porcja dla 4 osób

- 1 królik
- 1 posiekana szalotka
- 8 łyżeczek beztłuszczowego
  twarożku
- 1 łyżka stołowa musztardy (białej)

- 1 łyżka stołowa kaparów
- kilka korniszonów
  pokrojonych w plasterki
- sól, pieprz
- odrobina oliwy

Królika i szalotkę podsmażyć na lekko naoliwionej patelni. Doprawić
solą i pieprzem i dusić pod przykryciem na małym ogniu mniej więcej
1 godzinę. Następnie dodać twarożek, musztardę, kapary i korniszony.
Podgrzewać całość kilka minut. Uwaga: sos nie powinien się gotować.

Pasztet wiejski

Czas przygotowania: 20 minut • Czas pieczenia: 60 minut
Porcja dla 8 osób

- 12 plastrów mięsa z indyka
- 200 g wątróbki kurczaka
- 250 g chudej szynki
- 1 cebula
- 700 g mielonego mięsa
  zawierającego 5% tłuszczu
- 1 łyżeczka tymianku

- 1 łyżeczka oregano
- 4 ząbki czosnku
- 4 goździki
- 1 łyżka stołowa
  czerwonego porto
- szczypta gałki muszkatołowej
- pieprz

W maszynce do mięsa zmielić 4 plastry mięsa z indyka, wątróbkę, szynkę i cebulę. Włożyć do naczynia razem z mielonym mięsem. Zgnieść czosnek i goździki, dodać porto, pieprz, gałkę muszkatołową, zioła i wszystko dokładnie wymieszać. Formę żaroodporną wyłożyć plastrami mięsa, tak by wystawało z naczynia. Na indyka wyłożyć masę i dokładnie ją ugnieść. Zawinąć mięso, tak by zakrywało wierzch formy, przykryć i piec 1 godzinę w piekarniku nagrzanym do 200°C.

Po upieczeniu odstawić na 5 minut, odlać nadmiar płynu i ostudzić.

Pieczeń cielęca w sosie

Czas przygotowania: 10 minut • Czas gotowania: 60 minut
Porcja dla 4 osób

- 1 kg pieczeni cielęcej
- 1 ząbek czosnku
- 1 duża szalotka
- 1 pomidor
- 1 kostka bulionu cielęcego
  bez tłuszczu

- 1 łyżka stołowa oregano,
  bazylii i ziół prowansalskich
- sól, pieprz
- 1 szklanka wody

Mięso przyprawić solą i pieprzem, a następnie zrumienić najpierw na mocnym, później na średnim ogniu. Posiekać szalotkę i czosnek. Pomidora pokroić na kawałki. Kiedy mięso się ładnie przyrumieni, dodać rozpuszczoną w 1 szklance wody kostkę bulionową. Do sosu dodać sól, pieprz, czosnek, szalotkę, zioła. Kiedy sos odrobinę odparuje, dodać pomidora. Pieczeń podawać pokrojoną na kawałki, polaną sosem.

Roladki z szynki

Czas przygotowania: 10 minut • Bez gotowania
Porcja dla 4 osób

- 1 ząbek czosnku
- pół pęczka szczypiorku
- 200 g beztłuszczowego twarożku

- 8 plastrów chudej szynki
- 8 listków sałaty
- 4 gałązki natki pietruszki

Czosnek obrać i posiekać, szczypiorek umyć i pokroić, a następnie wymieszać z serkiem. Plasterki szynki posmarować twarożkiem i zwinąć w ruloniki. Wstawić do lodówki na 30 minut, żeby serek stężał. Talerz udekorować dwoma liśćmi sałaty, na nich ułożyć po 2 roladki z szynki. Ozdobić pietruszką.

DANIA Z JAJEK

Jajecznica
z wędzonym łososiem

Czas przygotowania: 10 minut • Czas gotowania: 10 minut

Porcja dla 4 osób

- 100 g wędzonego łososia
- 8 jajek
- 80 ml beztłuszczowego mleka
- 1 łyżka stołowa beztłuszczowego twarożku
- 4 gałązki szczypiorku
- sól, pieprz

Łososia pokroić na cienkie paseczki. Jajka ubić w misce, delikatnie doprawić solą i pieprzem. Wlać do rondla chude mleko. Gdy mleko się podgrzeje, dodać ubite jajka i gotować na małym ogniu, ciągle mieszając. Zdjąć z ognia, dołożyć łososia i twarożek. Udekorować szczypiorkiem i szybko podawać.

Jajecznica

Czas przygotowania: 10 minut • Czas gotowania: 10 minut
Porcja dla 2 osób

- 4 jajka
- pół szklanki chudego mleka
- szczypta gałki muszkatołowej

- 2 gałązki posiekanej pietruszki
  (lub szczypiorku)
- sól, pieprz

Jajka ubić jak na omlet, dolać mleko, doprawić solą, pieprzem i gałką muszkatołową. Smażyć na małym ogniu, ciągle mieszając. Podawać natychmiast po przyrządzeniu posypane posiekaną pietruszką lub szczypiorkiem.

Jajecznica
z krabem

Czas przygotowania: 10 minut • Czas gotowania: 10 minut
Porcja dla 4 osób

- 6 średniej wielkości jajek
- 2 łyżki stołowe nuoc mam
  (przyprawa wietnamska)

- 100 g mięsa kraba
- 2 średnie szalotki

W misce delikatnie rozbić widelcem jajka z nuoc mam. Mięso kraba starannie odsączyć. Szalotki pokroić na cienkie paseczki i podsmażyć na patelni z powłoką zapobiegającą przywieraniu, aż się zeszklą, a następnie dodać je do jajek. Podsmażyć mięso kraba, tak by się delikatnie przyrumieniło, i wymieszać je z jajkami. Całość podgrzewać 3–5 minut, żeby jajecznica ścięła się delikatnie, ale nie była zbyt mocno podsmażona. Zdjąć z ognia i podawać natychmiast.

Jajka
z łososiem
Czas przygotowania: 10 minut • Czas gotowania: 3–5 minut

Porcja dla 6 osób

- 12 łyżeczek beztłuszczowego twarożku
- odrobina posiekanego estragonu
- 2 duże plastry wędzonego łososia
- 6 jajek
- sól, pieprz

Przygotować 6 foremek, do każdej włożyć 2 łyżeczki twarożku, szczyptę ziół, jedną trzecią plasterka łososia i 1 jajko. Doprawić solą i pieprzem. Wstawić foremki do płaskiego rondla wypełnionego wrzącą wodą. Przykryć i gotować 3–5 minut na średnim ogniu.

Łososia można zastąpić szynką, suszonym mięsem z Grisons lub inną chudą wędliną wedle upodobania.

Jajka na twardo
z curry
Czas przygotowania: 10 minut • Czas gotowania: 10 minut

Porcja dla 1 osoby

- pół cebuli
- 8 łyżek stołowych chudego mleka
- szczypta maizeny
- 1 łyżeczka curry
- 2 jajka ugotowane na twardo
- sól, pieprz

W rondlu ugotować (na średnim ogniu) posiekaną cebulę z połową mleka, ciągle mieszając. Dodać maizenę i resztę mleka, energicznie pomieszać, doprawić solą i pieprzem, dodać curry. Jajka ugotowane na twardo pokroić w krążki. Ułożyć na talerzu, polać sosem.

Jajka
faszerowane makrelą
Czas przygotowania: 15 minut • Bez gotowania
Porcja dla 4 osób

- 4 jajka na twardo
- 1 puszka makreli w białym winie
- 1 serek homogenizowany naturalny

- musztarda
- sól, pieprz

Jajka przekroić wzdłuż na pół. Żółtka włożyć do salaterki, białka odstawić. Do żółtek dodać odsączone filety z makreli, serek, musztardę, sól, pieprz. Rozgnieść wszystko widelcem i dokładnie wymieszać. Nałożyć farsz na połówki białek w taki sposób, by na wierzchu utworzył się zgrabny kopczyk. Odstawić w chłodne miejsce, następnie podawać.

Omlet
z tuńczykiem
Czas przygotowania: 10 minut • Czas smażenia: 10 minut
Porcja dla 4 osób

- 2 filety z anchois
- 8 jajek
- 200 g tuńczyka
  w sosie własnym

- 1 łyżka stołowa posiekanej
  świeżej natki pietruszki
- pieprz
- odrobina oliwy

Anchois pokroić na cienkie paseczki. Jajka ubić, dodać do nich anchois i rozdrobnionego tuńczyka. Doprawić pieprzem, dodać pietruszkę. Smażyć omlet na średnim ogniu na lekko naoliwionej patelni z powłoką zapobiegającą przywieraniu. Podawać natychmiast po przygotowaniu.

Omlet
z tofu

Czas przygotowania: 15 minut • Czas smażenia: 5 minut
Porcja dla 4 osób

• 2 jajka
• 2 łyżki stołowe sosu sojowego
• 1 posiekany ząbek czosnku
• pół posiekanej cebuli
• 400 g tofu pokrojonego
  na małe kosteczki

• pół posiekanej zielonej
  papryki
• 1 łyżka stołowa posiekanej
  natki pietruszki
• pieprz
• odrobina oliwy

W misce ubić jajka z przyprawami. Dodać tofu i paprykę, wszystko wymieszać. Wlać jajka na lekko naoliwioną patelnię, przykryć i smażyć na małym ogniu. Przed podaniem posypać pietruszką.

Chlebek
z surimi

Czas przygotowania: 10 minut • Czas pieczenia: 30 minut
Porcja dla 2 osób

• 300 g surimi
• 8 jajek
• 1 słoiczek koncentratu
  pomidorowego

• 3 łyżki stołowe
  beztłuszczowego twarożku
• kilka gałązek natki pietruszki
• sól, pieprz

Wszystkie składniki dokładnie wymieszać. Wlać do formy do pieczenia i piec 30 minut w piekarniku nagrzanym do 160°C. Podawać na zimno.

Małe flany z kraba

Czas przygotowania: 10 minut • Czas pieczenia: 45 minut

Porcja dla 5 osób

- 200 g wędzonego łososia pokrojonego w kostkę
- 2 jajka
- 1 łyżka stołowa maizeny
- 350 ml mleka

- 1 mała puszka mięsa kraba (odsączonego)
- szczypta bulionu rybnego w kostce
- sól, pieprz

Kawałki łososia rozłożyć do foremek. Ubić jajka z rozpuszczoną w mleku maizeną, dodać kraba. Doprawić solą i pieprzem, dodać bulion rybny. Wstawić do piekarnika nagrzanego do 180°C i piec 45 minut w kąpieli wodnej.

Zupa z żółtek

Czas przygotowania: 10 minut • Czas gotowania: 10 minut

Porcja dla 4 osób

- 8 jajek
- 1,5 l bulionu wołowego (z kostki, bez tłuszczu)

- sól, pieprz

Rozbić jajka i oddzielić białka od żółtek. Żółtka wlać do naczynia i ubijać razem z 400 ml bulionu do uzyskania jednolitej konsystencji. Następnie przetrzeć przez sito, a powstałą masę znów wlać do rondelka. Gotować w kąpieli wodnej. Kiedy krem zgęstnieje, zdjąć go z ognia i ostudzić.

Otrzymane ciasto pociąć na kawałki, następnie na paski i rozłożyć na głębokich talerzach lub w miskach. Podgrzać resztę bulionu na małym ogniu, doprawić do smaku. Gorący bulion wlać do talerzy z ciastem. Natychmiast podawać.

Tarta

Czas przygotowania: 15 minut • Czas pieczenia: 20 minut
Porcja dla 2 osób

- 6 łyżek stołowych
  beztłuszczowego twarożku
- 3 jajka ubite jak na omlet
- 2 plastry szynki drobiowej
  pokrojone na kawałeczki

- pół posiekanej cebuli
- szczypta gałki muszkatołowej
- sól, pieprz
- odrobina oliwy
  do wysmarowania formy

Wszystkie składniki dokładnie wymieszać. Masę wlać do lekko
natłuszczonej formy do tarty i piec 20 minut w piekarniku nagrzanym
do 240°C.

Suflet z szynki

Czas przygotowania: 15 minut • Czas pieczenia: 45 minut
Porcja dla 4 osób

- 200 ml chudego mleka
- 20 g maizeny
- 4 jajka
- 400 g beztłuszczowego twarożku

- 200 g chudej
  szynki drobiowej
- sól, pieprz
- szczypta gałki muszkatołowej

Rozgrzać piekarnik do 210°C. Wymieszać zimne mleko z maizeną.
Oddzielić żółtka jajek od białek. Ubić żółtka z twarożkiem. Dolać
mleko, ciągle ubijając, aby uzyskać aksamitne ciasto, a następnie dodać
pokrojoną na kawałeczki szynkę. Doprawić solą, pieprzem i gałką
muszkatołową.

Białka ubić na sztywną pianę i połączyć z ubitą wcześniej masą.
Doprawić do smaku. Wlać ciasto do formy na suflet. Piec 45 minut.

Terrine z jajek z łososiem

Czas przygotowania: 30 minut • Czas gotowania: 10 minut

Porcja dla 8–10 osób

- 10 jajek
- 2 filiżanki posiekanych świeżych ziół (pietruszka, szczypiorek, estragon)
- 4 dosyć grube plastry wędzonego łososia

- 300 g galarety (może być przygotowana na bazie żelatyny w proszku)
- majonez wg przepisu dr. Dukana (zob. *Nie potrafię schudnąć*, s. 143)

Potrawę tę należy przygotować na dzień przed podaniem.

Jajka ugotować na twardo (10 minut we wrzącej wodzie), ostudzić, obrać, a następnie posiekać nożem i wymieszać z połową ziół. Ułożyć jajka w formie na zmianę z plastrami łososia. Przygotować galaretę według przepisu na opakowaniu i zalać nią jajka. Danie wstawić na 24 godziny do lodówki.

Resztę ziół wymieszać z majonezem. Podawać terrine pokrojone na kawałki, polane zielonym sosem majonezowym.

DANIA Z RYB I OWOCÓW MORZA

Agar-agar z ryby

Czas przygotowania: 15 minut • Czas gotowania: 9 minut
Porcja dla 2 osób

- 250 ml wody
- 1 szklanka bulionu
  bez tłuszczu (150 ml)
- 2 g zmielonego agar-agar
  (środek żelujący)

- 3 filety z białej ryby
- sok z cytryny
- sól, pieprz
- przecier pomidorowy

Na małym ogniu podgrzać wodę z bulionem, solą, pieprzem i agar-agar. Po upływie 5 minut dodać filety rybne i gotować całość jeszcze 4 minuty pod przykryciem. Następnie całość zmiksować, wlać do formy i skropić sokiem z cytryny. Ostudzić, po czym wstawić do lodówki.
Podawać z letnim przecierem pomidorowym.

Skrzydło płaszczki w ziołach

Czas przygotowania: 25 minut • Czas gotowania: 5 minut

Porcja dla 2 osób

- 1 skrzydło płaszczki (dosyć grube)
- 1/3 szklanki octu winnego (70 ml)
- 2 szklanki wody
- 1 duży pęczek świeżych ziół (szczypiorek, pietruszka, estragon itp.)
- sól, pieprz

Sos:
- 1 cytryna (połowa na sok, połowa do dekoracji)
- 1 łyżka stołowa posiekanych ziół wedle uznania
- sól, pieprz

Rybę dokładnie umyć i ułożyć w górnej części naczynia do gotowania na parze (wyłożonej warstwą aromatycznych ziół). Doprawić solą i pieprzem, posypać ziołami. Do dolnej części naczynia wlać 2 szklanki wody wymieszanej z octem winnym. Umieścić górną część naczynia w najwyższej pozycji, przykryć i gotować rybę 5 minut, licząc od momentu zagotowania się wody. Kiedy ryba będzie ugotowana, zdjąć skórę wraz z ziołami. Oddzielić górną część mięsa od ości i ułożyć na podgrzanym talerzu; to samo zrobić z dolną częścią. Podawać rybę na gorąco, doprawioną solą i pieprzem, skropioną sokiem z cytryny, posypaną świeżymi ziołami i udekorowaną ćwiartkami cytryny.

Skrzydło płaszczki po kreolsku

Czas przygotowania: 25 minut • Czas gotowania: 20 minut

Porcja dla 2 osób

- 300 g płaszczki
- 25 g żelatyny
- 1 cytryna
- 5–6 listków mięty
- 150 g zielonej sałaty

Bulion:
- 1 ząbek czosnku
- 1 cebula z wbitym goździkiem
- pęczek tymianku
- 1 marchewka
- sól, pieprz

Rybę wrzucić do rondla z wodą i składnikami bulionu. Gotować pod przykryciem 20 minut na średnim ogniu. Odsączyć rybę, ostudzić, zdjąć skórę, usunąć ości, a następnie rozdrobnić mięso. Przetrzeć bulion przez sitko. Rozpuścić 25 g żelatyny w 0,5 l bulionu, dodać rozdrobnioną rybę. Pozostawić do wystygnięcia. Przelać do dwóch foremek i wstawić do lodówki na 2 godziny.

Foremki zanurzyć delikatnie w ciepłej wodzie, a następnie odwrócić i wyjąć galaretę. Danie podawać na talerzu wyłożonym liśćmi zielonej sałaty, udekorowane ćwiartkami cytryny i listkami mięty.

Dorsz w curry

Czas przygotowania: 20 minut • Czas gotowania: 40 minut
Porcja dla 4 osób

- 700 g dorsza
- 1 cebula
- 3 ząbki czosnku
- 4 suszone papryki
- 4 papryki rocotillo
- 1 łyżeczka nasion kolendry
- 1 łyżeczka kurkumy

- 1 łyżeczka kminku
- 0,5 kg pomidorów
- 4 łyżki stołowe wody
- 3 łyżki stołowe soku
  z cytryny
- sól, pieprz
- odrobina oliwy

Sprawić rybę – oczyścić, usunąć ości, opłukać i pokroić w kostkę. Cebulę posiekać, czosnek rozgnieść. Papryki pokroić na cienkie paseczki i przyrumienić na lekko naoliwionej patelni z powłoką zapobiegającą przywieraniu. Dorzucić przyprawy i smażyć wszystko około 5 minut. Dodać pokrojone w grubą kostkę pomidory, wodę i sok z cytryny. Doprowadzić do wrzenia. Gdy całość się zagotuje, zmniejszyć ogień i dusić potrawę pod przykryciem 15 minut. Następnie dodać rybę. Doprawić ją solą oraz pieprzem i gotować kolejne 10 minut na małym ogniu.

Dorsz w ziołach

Czas przygotowania: 20 minut • Czas gotowania: 15 minut

Porcja dla 4 osób

- 1 szalotka
- 1 cebula
- pęczek świeżych ziół
- 4 małe ostre papryczki

- 1 czerwona papryka
- 600 g fileta z dorsza
- 1 cytryna
- sól, pieprz

Rozgrzać piekarnik do 210°C. Szalotkę, cebulę i zioła drobno posiekać i wymieszać. Obrać cytrynę ze skórki i wycisnąć z niej sok. Papryczki przekroić na pół. Paprykę podzielić na ćwiartki i usunąć gniazda nasienne. Na 4 prostokątnych kawałkach folii aluminiowej ułożyć filety rybne. Doprawić solą i pieprzem, przykryć papryką oraz cienką warstwą ziół i papryczkami. Skropić sokiem z cytryny. Zawinąć brzegi folii w papiloty, ułożyć na blasze, wstawić do piekarnika i piec 15 minut.

Dorsz w sosie musztardowym

Czas przygotowania: 10 minut • Czas gotowania: 10 minut

Porcja dla 1 osoby

- 1 duży filet z dorsza
- 1 beztłuszczowy jogurt
- 1 łyżka stołowa musztardy
- sok z cytryny

- 2 łyżki stołowe kaparów
- pęczek natki pietruszki
- sól, pieprz

Filet z dorsza posolić i gotować na parze 8–10 minut (w zależności od grubości fileta). W tym czasie do rondelka wlać jogurt, dodać musztardę, sok z cytryny, kapary, posiekaną natkę pietruszki i doprawić pieprzem. Podgrzać na małym ogniu. Ułożyć ugotowaną rybę na talerzu i polać sosem. Danie podawać gorące.

Kalmary po prowansalsku

Czas przygotowania: 20 minut • Czas gotowania: 55 minut

Porcja dla 4 osób

- 1 lub 2 cebule pokrojone
  na cienkie paseczki
- 2 puszki pomidorów (całych,
  bez skóry)
- 1 papryka
- 2-3 obrane i posiekane
  ząbki czosnku

- 1 bouquet garni
- 1 papryczka chili
- 0,5 kg kalmarów
- sól, pieprz
- odrobina oliwy

Posiekaną cebulę zeszklić na lekko naoliwionej patelni (na średnim ogniu).
Kiedy cebula się przyrumieni, dodać pokrojone w grubą kostkę paprykę
i pomidory, obrany i posiekany czosnek, bouquet garni, rozgniecioną
ostrą papryczkę, sól i pieprz. Dusić 10 minut pod przykryciem na
małym ogniu. Kalmary umyć i oczyścić. Dodać do sosu i dusić 45 minut
pod przykryciem na małym ogniu.

Muszle św. Jakuba

Czas przygotowania: 15 minut • Czas gotowania: 15 minut

Porcja dla 2 osób

- 4 łyżeczki beztłuszczowego
  twarożku
- 2 duże szalotki
- 6-8 muszli św. Jakuba
  (przegrzebków)

- 200 g szczawiu
- sól, pieprz
- odrobina oliwy

Szalotki i twarożek podgrzać na lekko naoliwionej patelni. Szybko
przyrumienić na drugiej patelni przegrzebki najpierw na mocnym,
później na mniejszym ogniu, doprawić i odstawić. Włożyć na patelnię,

na której smażyły się przegrzebki, umyty szczaw i dusić go na średnim ogniu 10 minut. Na talerzach ułożyć szczaw, na nim muszelki św. Jakuba i skropić je sosem.

Serce z łososia

Czas przygotowania: 10 minut • Czas pieczenia: 45 minut
Porcja dla 3 osób

- 420 g morszczuka
- 3 jajka
- 100 g białego beztłuszczowego serka

- 10 g maizeny
- 100 ml wody
- 140 g fileta z łososia
- sól, pieprz

Rozgrzać piekarnik do 210°C. Zmiksować morszczuka, jajka, serek, sól, pieprz i rozpuszczoną w odrobinie zimnej wody maizenę. Wlać do formy na ciasto o średnicy 22 cm. W środku umieścić filet z łososia. Piec około 45 minut.

Krem z tuńczyka

Czas przygotowania: 10 minut • Czas gotowania: 25 minut
Porcja dla 2 osób

- 0,5 l wody
- 200 g tuńczyka w sosie własnym
- 1 cebula
- 1 ząbek czosnku

- 300 g kabaczka
- 3 łyżki stołowe koncentratu pomidorowego
- sól

W rondelku podgrzać wodę. Tuńczyka rozdrobnić. Cebulę i czosnek obrać i posiekać. Kabaczek obrać i pokroić na plasterki. Do osolonej wody wrzucić tuńczyka, cebulę, czosnek, kabaczek i koncentrat pomidorowy. Dusić 25 minut pod przykryciem.

Dorada
wyrafinowana

Czas przygotowania: 15 minut • Czas pieczenia: 10 minut
Porcja dla 1 osoby

- 150 g filetów z dorady
- szczypta szafranu

- 150 g beztłuszczowego twarożku
- sól, pieprz

Filety z dorady ułożyć w żaroodpornym naczyniu. Doprawić je solą
i pieprzem. Posmarować twarożkiem wymieszanym z odrobiną szafranu.
Całość przykryć folią aluminiową. Piec około 10 minut w piekarniku
nagrzanym do 210°C.

Dorada
w słonej skorupce

Czas przygotowania: 10 minut • Czas pieczenia: 90 minut
Porcja dla 4 osób

- 1 dorada (ok. 1–1,5 kg)

- 5 kg grubej soli morskiej

Doradę wypatroszyć, ale nie pozbawiać łusek. Rozgrzać piekarnik
do 250°C. Przygotować żaroodporne naczynie odrobinę większe od
ryby. Dno i boki naczynia wyłożyć folią aluminiową. Na dno wysypać
3-centymetrową warstwę grubej soli, ułożyć na niej doradę i obsypać
pozostałą solą. Ryba musi być w całości zakryta. Piec 1 godzinę,
następnie zmniejszyć temperaturę do 180°C i piec jeszcze 30 minut.
Wyjąć zawartość naczynia na deskę. Położyć na stole i rozbić solną
skorupkę młotkiem.

Dorada w papilotach z cebulą

Czas przygotowania: 20 minut • Czas pieczenia: 15 minut

Porcja dla 1 osoby

- 1 duża cebula
- 2 filety z dorady
- 1 łyżka stołowa siekanej pietruszki
- sól, pieprz
- odrobina oliwy

Cebulę obrać i posiekać. Zeszklić na lekko naoliwionej patelni z powłoką zapobiegającą przywieraniu. Cebula nie powinna się zbyt mocno przysmażyć. Rozgrzać piekarnik do 180°C.

Na dwóch kawałkach papieru do pieczenia ułożyć cebulę, a na niej filety z dorady. Doprawić je solą i pieprzem, posypać pietruszką. Zawinąć papiloty i wstawić do piekarnika na 15 minut.

Smażone eskalopki z łososia w sosie musztardowym

Czas przygotowania: 20 minut • Czas gotowania: 15 minut

Porcja dla 4 osób

- 4 dzwonka z łososia (ok. 200 g)
- 2 szalotki
- 1 łyżka stołowa łagodnej musztardy
- 6 łyżeczek twarożku
- posiekany koperek
- odrobina oliwy

Łososia wstawić na kilka minut do zamrażarki, aby łatwiej go było pokroić na cienkie kawałki (mniej więcej po 50 g) Na lekko naoliwionej patelni z powłoką zapobiegającą przywieraniu smażyć kawałki ryby 1 minutę z każdej strony (na średnim ogniu). Zrumienioną rybę odstawić w ciepłe miejsce.

Szalotki obrać i posiekać. Zeszklić je na tej samej patelni, dodać musztardę oraz twarożek i gotować do zgęstnienia na małym ogniu (około 5 minut). Dodać łososia oraz posiekany koperek i wszystko chwilę podgrzewać. Podawać zaraz po przyrządzeniu.

Filet z okonia na parze
z miętą i cynamonem

Czas przygotowania: 10 minut • Czas gotowania: 10 minut

Porcja dla 4 osób

• 3 gałązki świeżej mięty
• pół łyżeczki zmielonego cynamonu
• 2 laski cynamonu

• 4 filety z okonia ze skórą
• pół cytryny

W dolnej części garnka do gotowania na parze podgrzać wodę ze świeżą miętą i zmielonym cynamonem (zachować kilka listków mięty do dekoracji). W górnej części naczynia ułożyć filety i gotować je na parze 10 minut. Podawać skropione sokiem z cytryny, udekorowane listkami mięty i połową laski cynamonu.

Filety z dorsza z szalotkami
w musztardzie

Czas przygotowania: 20 minut • Czas pieczenia: 15 minut

Porcja dla 2 osób

• 4 szalotki
• 50 g beztłuszczowego twarożku
• 1 łyżka stołowa musztardy
• 2 łyżki stołowe soku z cytryny

• 400 g fileta z dorsza
• 1 łyżka stołowa wody
• sól, pieprz

Rozgrzać piekarnik do 180°C. Szalotki posiekać i podgrzewać w rondlu z 1 łyżką stołową wody, aż woda wyparuje, a szalotki się zeszklą. Twarożek wymieszać z musztardą i sokiem z cytryny, doprawić solą i pieprzem. Szalotki włożyć na dno żaroodpornego naczynia, na nich ułożyć filety z dorsza i polać wszystko sosem z serka oraz musztardy. Wstawić na 15 minut do rozgrzanego piekarnika.

Filet z czarniaka po indyjsku

Czas przygotowania: 20 minut • Czas gotowania: 7 minut
Porcja dla 2 osób

- 1 kostka rosołowa bez tłuszczu
- 300 ml wody
- 300 g fileta z czarniaka
- 1 średnia cebula
- 1 żółtko jajka
- pół łyżeczki curry

- szczypta szafranu
- 1 łyżka stołowa posiekanej natki pietruszki
- sól, pieprz
- odrobina oliwy

Doprowadzić do wrzenia 250 ml wody i rozpuścić w niej kostkę rosołową. Filety gotować w bulionie około 5 minut. Gdy mięso się gotuje, obrać cebulę, pokroić ją na cienkie paseczki i zeszklić na lekko naoliwionej patelni. Dolać pół szklanki bulionu i gotować około 2 minut, aż sos odparuje i zgęstnieje. Dodać żółtko zmieszane z odrobiną wody. Pozostawić, by sos zgęstniał. Doprawić solą i pieprzem, dodać curry i szafran. Ułożyć filety z czarniaka na podgrzanym talerzu i polać sosem. Posypać natką pietruszki.

Filet z merlana po normandzku

Czas przygotowania: 20 minut • Czas gotowania: 22 minuty
Porcja dla 2 osób

- 150 g małży w skorupkach
- 300 g fileta z merlana
- 1 listek laurowy
- kilka gałązek świeżego tymianku
- 1 łyżeczka posiekanego czosnku

- 1 łyżeczka przecieru pomidorowego
- 4 łyżeczki beztłuszczowego twarożku

Małże gotować pod przykryciem 8–10 minut, aż otworzą się muszle. Wyjąć małże i odlać 100 ml soku powstałego podczas gotowania. Filety z merlana włożyć do garnka i dusić 10 minut na małym ogniu w soku z małży z listkiem laurowym, tymiankiem i czosnkiem. Gdy ryba będzie miękka, wyjąć ją z garnka, a do sosu dodać przecier pomidorowy, twarożek i małże. Gotować filety 2 minuty na bardzo małym ogniu, a następnie polać je sosem.

Filet z soli

Czas przygotowania: 10 minut • Czas gotowania: 2 minuty
Porcja dla 1 osoby

- 200 g fileta z soli
- 1 pomidor
- 1 posiekany ząbek czosnku

- kilka kaparów
- 4 listki bazylii

Filet z soli ułożyć na talerzu, którego można używać w kuchence mikrofalowej. Na innym talerzu wymieszać rozgnieciony pomidor z czosnkiem, kaparami i bazylią. Obłożyć filet tą masą i przykryć. Podgrzewać 2 minuty w mikrofalówce w trybie najwyższej mocy.

Filet z soli ze szczawiem

Czas przygotowania: 20 minut • Czas smażenia: 4 minuty
Porcja dla 2 osób

- 4 filety z soli
- sok wyciśnięty
  z 2 cytryn

- 10 posiekanych małych
  listków szczawiu
- sól, pieprz

Filety z soli opłukać i osuszyć. Marynować co najmniej 2 godziny w soku z cytryny i posiekanym szczawiu, następnie osączyć. Zamarynowane filety przysmażyć z każdej strony na patelni z powłoką zapobiegającą przywieraniu. Doprawić solą i pieprzem. Podawać skropione marynatą.

Ciasto krewetkowe

Czas przygotowania: 10 minut • Czas pieczenia: 30 minut

Porcja dla 2 osób

- 4 jajka
- 0,5 kg beztłuszczowego twarożku
- 300 g krewetek (obranych)
- sól, pieprz

Rozbić jajka, doprawić je solą i pieprzem, ubić jak na omlet, dodać serek i dobrze wymieszać. Dorzucić krewetki. Masę wlać do formy i wstawić do piekarnika rozgrzanego do 200°C. Piec 30 minut.

Ciasto rybne

Czas przygotowania: 10 minut • Czas pieczenia: 45 minut

Porcja dla 1 osoby

- 3 jajka
- 6 łyżek stołowych twarogu bez tłuszczu, dobrze odsączonego
- 1 łyżka stołowa maizeny
- czosnek, pietruszka, szczypiorek
- 1 duży filet rybny (z dorsza lub czarniaka)
- 3 surimi
- sól, pieprz

Oddzielić żółtka od białek. Białka ubić na sztywną pianę i delikatnie wymieszać z żółtkami. Do jajek dodać serek, maizenę, czosnek, pietruszkę i szczypiorek oraz rozdrobniony filet i surimi pokrojone na krążki. Doprawić wszystko solą i pieprzem. Wlać masę do formy wyłożonej papierem do pieczenia i piec 45 minut w piekarniku rozgrzanym do 130°C.

Surowe dzwonka z pelamidy

Czas przygotowania: 15 minut • Bez gotowania
Porcja dla 1 lub 2 osób

- 300 g pelamidy
- 1 łyżka stołowa sosu sojowego
- 1 łyżka stołowa soku z cytryny
- 1 łyżka stołowa oleju parafinowego z estragonem
- kilka kropli sosu tabasco
- 1 łyżka stołowa posiekanych świeżych ziół
- sól

Lekko zamrożoną rybę pokroić na bardzo cienkie dzwonka.
Z pozostałych składników przygotować marynatę i skropić nią obficie
rybę. Podawać na talerzu udekorowanym plasterkami cytryny.

Czarniak w kaparach

Czas przygotowania: 25 minut • Czas gotowania: 10 minut
Porcja dla 2 osób

- 4 kawałki czarniaka
- 1 listek laurowy
- 1 beztłuszczowy jogurt
- 1 żółtko jajka
- 2 łyżki stołowe soku z cytryny
- 2 łyżki stołowe kaparów
- 1 łyżka stołowa pietruszki
- 1 łyżka stołowa szczypiorku
- 3 ziarenka pieprzu
- sól
- 1 szklanka wody

Kawałki ryby osuszyć i ułożyć w dużym płaskim rondlu z powłoką
zapobiegającą przywieraniu. Dodać liść laurowy, ziarenka pieprzu i sól.
Zalać zimną wodą. Gotować na małym ogniu 10 minut (czas liczymy
od momentu, gdy woda zacznie wrzeć). Do rondelka wlać jogurt
i podgrzać go na małym ogniu. W miseczce wymieszać żółtko z sokiem
z cytryny, następnie wlać je do rondelka z jogurtem i mocno mieszając,
doprowadzić całość do wrzenia. Dodać kapary, drobno posiekaną

pietruszkę i szczypiorek. Rybę odsączyć, ułożyć na talerzu i polać sosem jogurtowym.

Makrela po bretońsku

Czas przygotowania: 30 minut • Czas pieczenia: 30 minut
Porcja dla 3 osób

• 3 szalotki
• 1 mały pęczek natki pietruszki
• 2 łyżki stołowe szczypiorku

• 6 makreli
• 6 łyżek stołowych
octu winnego z cydru

Szalotki, pietruszkę i szczypiorek posiekać i odstawić. Wypatroszyć ryby i opłukać ich środek. Odciąć ogony i płetwy. Wyciąć 6 kwadratów z folii aluminiowej i na każdym położyć rybę. Do środka każdej ryby nasypać świeżych ziół i wlać ocet winny. Zamknąć papiloty i położyć na grillu lub wstawić do piekarnika nagrzanego do 190°C. Piec 30 minut.

Meli-melo z tuńczyka

Czas przygotowania: 10 minut • Bez gotowania
Porcja dla 2 osób

• 480 g tuńczyka w sosie własnym
• 1 łyżeczka posiekanych kaparów
• 40 g posiekanej cebuli

• 1 łyżka stołowa pietruszki
• 1/3 łyżeczki curry
• kilka kropli sosu tabasco

Odsączyć tuńczyka i wymieszać widelcem z pozostałymi składnikami. Podawać na zimno.

Mus św. Jakuba

Czas przygotowania: 15 minut • Czas gotowania: 15 minut

Porcja dla 4 osób

- 8 przegrzebków (muszli św. Jakuba)
- 200 g beztłuszczowego twarożku
- 2 jajka
- sól, pieprz

Wyjąć z muszli przegrzebki i zmiksować je z twarożkiem. Dodać żółtka jajek, następnie całość doprawić solą i pieprzem. Delikatnie połączyć z ubitymi na pianę białkami. Nałożyć masę do 4 foremek i gotować ją na parze 15 minut. Wyjąć z foremek i podawać na ciepło z sosem cytrynowym.

Omlet z owocami morza

Czas przygotowania: 20 minut • Czas pieczenia: 30 minut

Porcja dla 2 osób

- 2 jajka
- 250 ml chudego mleka
- 1 mała puszka krewetek
- 1 mała puszka krabów
- 1 mała puszka małży
- sól, pieprz

Jajka ubić z mlekiem w misce. Odsączyć owoce morza i wrzucić je do miski. Wymieszać wszystko i doprawić solą oraz pieprzem. Wlać masę do foremek. Piec 30 minut w kąpieli wodnej w piekarniku nagrzanym do 210°C.

Chlebek rybny

Czas przygotowania: 10 minut • Czas pieczenia: 40 minut

Porcja dla 2 osób

- 300 g tuńczyka w sosie własnym
- 75 g maizeny
- 3 jajka
- pół szklanki chudego mleka (100 ml)
- 1 porcja drożdży
- sól, pieprz

Rozdrobnić tuńczyka i wymieszać z pozostałymi składnikami. Powstałą masę wlać do formy na ciasto z powłoką zapobiegająca przywieraniu i wstawić na 40 minut do piekarnika nagrzanego do 200°C. Podawać na zimno z przecierem pomidorowym, majonezem dr. Dukana (zob. *Nie potrafię schudnąć*, s. 143) lub koktajlem z krewetek.

Ryba z pieca
Czas przygotowania: 15 minut • Czas pieczenia: 55 minut
Porcja dla 4 osób

• 800 g filetów rybnych (z dorady, dorsza lub czarniaka)
• 300 g beztłuszczowego twarożku
• 4 jajka

• 5 łyżek stołowych posiekanych świeżych ziół (pietruszka, estragon, szczypiorek)
• sól, pieprz

Filety rybne doprawić solą oraz pieprzem i zawinąć w papiloty z papieru do pieczenia. Wstawić na 10 minut do piekarnika nagrzanego do 210°C. Upieczone filety zmiksować z twarożkiem, jajkami, solą, pieprzem i ziołami.

Formę zwilżyć przed wlaniem do niej masy. Piec około 45 minut w kąpieli wodnej w piekarniku rozgrzanym do 180°C.

Płaszczka w białym sosie
Czas przygotowania: 10 minut • Czas gotowania: 10 minut
Porcja dla 2 osób

• 2 skrzydła płaszczki
• 3 listki laurowe
• 2 łyżki stołowe octu winnego z estragonem
• 1 szalotka

• 30 g kaparów
• 100 g beztłuszczowego twarożku
• sól, pieprz
• odrobina oliwy

Doprowadzić do wrzenia 750 ml wody z octem winnym. Do gotującej się wody włożyć rybę z listkami laurowymi i gotować 8–10 minut. W tym samym czasie zeszklić na średnim ogniu posiekaną szalotkę doprawioną odrobiną octu winnego, solą i pieprzem. Kiedy szalotka się zrumieni, zmniejszyć ogień do minimum, dodać kapary, serek i wolno wymieszać. Nie podgrzewać sosu zbyt mocno.

Podawać rybę obraną ze skóry, polaną sosem.

Ryjetki z makreli

Czas przygotowania: 20 minut • Czas gotowania: 20 minut
Porcja dla 4 osób

- 1 kostka bulionowa
- 1 kg makreli
- 5 łyżek stołowych musztardy z zielonym pieprzem lub estragonem

- 2 cytryny
- pietruszka lub szczypiorek
- szara sól morska

Bulion przygotować wcześniej, by zdążył ostygnąć. Makrele oczyścić i opłukać, nie zapominając o usunięciu małej czarnej błony ze środka. Włożyć ryby do zimnego, osolonego szarą solą bulionu. Podgrzać na mocnym ogniu, a gdy bulion zacznie się gotować, zgasić ogień i odstawić na 5 minut pod przykryciem. Wyjąć makrele i ostudzić je. Zdjąć skórę za pomocą noża, usunąć ości i rozgnieść filety widelcem. Wymieszać rozdrobnioną rybę z musztardą rozpuszczoną w soku z cytryny i drobno posiekanym szczypiorkiem lub pietruszką.

Uzyskaną masę nałożyć do małych kamionkowych misek. Udekorować ćwiartkami cytryny i natką pietruszki.

Rolada z wędzonego łososia

Czas przygotowania: 10 minut • Czas smażenia: 4 minuty na omlet

Porcja dla 3 osób

- 3 jajka
- 3 łyżki stołowe wody
- 3 łyżeczki maizeny
- 250 g beztłuszczowego twarożku
- 2 łyżki stołowe posiekanego szczypiorku

- 1 łyżka stołowa posiekanego imbiru
- 100 g posiekanego wędzonego łososia
- kilka gałązek pietruszki
- pieprz

Wymieszać 1 jajko, 1 łyżkę stołową wody, 1 łyżeczkę maizeny i usmażyć cienki omlet. Tak samo postąpić z pozostałymi jajkami, wodą i maizeną. Każdy omlet posmarować twarożkiem, posypać szczypiorkiem i imbirem, ułożyć na tym warstwę łososia, doprawić pieprzem. Zwinąć każdy omlet w rulon i w folię aluminiową, odstawić do lodówki na 3 godziny.

Pokroić na kawałki ostrym nożem i podawać na talerzu udekorowanym gałązkami pietruszki.

Łosoś faszerowany

Czas przygotowania: 30 minut • Czas pieczenia: 40 minut

Porcja dla 6 osób

- 1 pęczek natki pietruszki
- 1 pęczek kolendry
- pół papryki
- 5 łodyżek trawy cytrynowej
- 2 pęczki młodej cebulki
- 4 ząbki czosnku
- 1 cytryna

- 1 łyżeczka kminku
- 1 łyżeczka posiekanego świeżego imbiru
- 1 szklaneczka białego wina (100 ml)
- 1 łosoś bez ości, około 1,5 kg
- sól, pieprz

Posiekać pietruszkę, kolendrę, paprykę, trawę cytrynową, cebulki i czosnek. Cytrynę pokroić na cienkie paski i dodać do ziół. Wymieszać wszystko w naczyniu, dodać kminek i imbir, dolać białe wino i pozostawić w chłodnym miejscu, by macerowało się kilka godzin. Łososia otworzyć, doprawić solą i pieprzem. Nafaszerować wnętrze ryby marynatą. Ułożyć rybę na papierze do pieczenia i wstawić na 40 minut do piekarnika rozgrzanego do 200°C.

Wędzony łosoś z twarożkiem
Czas przygotowania: 5 minut • Bez gotowania
Porcja dla 2 osób

• 300 g beztłuszczowego twarożku
• 2 serki petit suisse bez tłuszczu
• 1 mała miseczka kawioru z łososia

• 4 kawałki wędzonego łososia
• sól, pieprz

Ubić razem twarożek i petit suisse. Dodać kawior, sól i pieprz. Posmarować tą masą plastry łososia i zwinąć je w ruloniki. Zawiązać szczypiorkiem lub spiąć wykałaczkami. Wstawić do lodówki i wyjąć tuż przed podaniem. Udekorować odrobiną kawioru. Podawać z plackami z otrąb według przepisu dr. Dukana (zob. *Nie potrafię schudnąć*, s. 73).

Tatar z krewetek
Czas przygotowania: 10 minut • Bez gotowania
Porcja dla 2 osób

• 5 gałązek koperku
• 6 łyżek stołowych majonezu wg przepisu dr. Dukana (zob. *Nie potrafię schudnąć*, s. 143)

• 250 g ugotowanych czerwonych krewetek, bez pancerzyka
• 1/4 łyżeczki papryki
• pieprz

Koperek umyć i drobno posiekać. Wymieszać z majonezem. Pokroić krewetki i dodać je do majonezu. Doprawić papryką, znów wymieszać. Doprawić pieprzem.

Tatar z dorady z przyprawami
Czas przygotowania: 15 minut • Bez gotowania
Porcja dla 4 osób

- 1,2 kg dorady królewskiej
- 2 cytryny
- 3 młode cebule
- 1 ogórek

- 1 pęczek świeżych ziół (natka pietruszki, koperek, trybula ogrodowa, szczypiorek)
- kilka kropli sosu tabasco
- sól, pieprz

Rybę rozdrobnić na małe kawałki w robocie kuchennym, wycisnąć sok z cytryn. Obrać i posiekać cebule. Ogórek obrać i pokroić w drobną kostkę. Opłukać i posiekać zioła. Wymieszać wszystkie składniki w dużej salaterce. Doprawić solą, pieprzem i sosem tabasco.

Tatar z labraksa w limonkach
Czas przygotowania: 20 minut • Bez gotowania
Porcja dla 2 osób

- 2 szalotki
- 1 łyżka stołowa posiekanego szczypiorku
- 400 g fileta z labraksa

- 4 limonki
- 125 g beztłuszczowego twarożku
- pół cytryny
- sól, pieprz

Szalotki i szczypiorek drobno posiekać. Rybę rozdrobnić nożem, wymieszać z ziołami i przyprawić. Powstałą masę ułożyć na talerzach udekorowanych plasterkami limonki. Twarożek delikatnie ubić

trzepaczką, doprawić solą i pieprzem, dodać sok z połowy cytryny.
Tak powstałym sosem oblać tatara. Podawać na zimno.

Tatar z tuńczyka

Czas przygotowania: 15 minut • Bez gotowania

Porcja dla 4 osób

- 1 kg tuńczyka
- 1 limonka
- 1 ząbek czosnku
- 5 cm korzenia imbiru
- pół pęczka szczypiorku

- 1 łyżka stołowa
  beztłuszczowego twarożku
- 1 łyżeczka oleju
  parafinowego
- sól, pieprz

Tuńczyka pokroić na małe kawałeczki i skropić sokiem z limonki.
W misce wymieszać rozgnieciony czosnek, starty korzeń imbiru,
posiekany szczypiorek, twarożek i olej parafinowy. Doprawić solą
i pieprzem, dodać rybę. Wymieszać wszystko i wstawić na 15 minut do
lodówki.

Tatar z tuńczyka i dorady

Czas przygotowania: 20 minut • Bez gotowania

Porcja dla 6 osób

- 400 g tuńczyka
- 400 g filetów z dorady
- 1 łyżka stołowa oleju parafinowego
  zmieszanego z 1 łyżką stołową
  wody Perrier
- 1 limonka
- 1 szalotka

- 6 gałązek koperku
- 6 łyżeczek kawioru
  z łososia
- różowy pieprz
- sól, pieprz
- do dekoracji: liście sałaty,
  koperek, limonka

Tuńczyka i doradę drobno posiekać. Skropić ryby olejem i sokiem z limonki, doprawić solą i pieprzem. Dodać posiekaną szalotkę i koperek. Rozłożyć do 6 foremek i wstawić na 15 minut do lodówki. Schłodzoną masę wyjąć z foremek. Na każdej porcji ułożyć łyżeczkę kawioru z łososia. Posypać różowym pieprzem i udekorować koperkiem. Podawać na talerzu wyłożonym liśćmi sałaty i udekorowanym plasterkami limonki.

Terrine z owoców morza
Czas przygotowania: 15 minut • Czas pieczenia: 30 minut
Porcja dla 2 osób

- 2 łyżki stołowe otrąb pszennych
- 2 łyżki stołowe otrąb owsianych
- 3 łyżki stołowe beztłuszczowego serka

- 3 jajka
- 1 spora garść owoców morza (świeżych lub mrożonych)
- sól, pieprz, przyprawy

Wymieszać wszystkie składniki aż do uzyskania jednolitej masy. Następnie wlać masę do wyłożonej papierem do pieczenia formy na ciasto. Piec 30 minut w piekarniku nagrzanym do 180°C.

Terrine z merlana
Czas przygotowania: 20 minut • Czas gotowania: 20 minut
Porcja dla 2 osób

- 600 g merlana
- 1 kostka bulionowa bez tłuszczu
- 1 jajko

- 2 łyżki stołowe beztłuszczowego twarożku
- bazylia, estragon, kolendra
- sól, pieprz

Merlana ugotować w bulionie. Wywar i rybę zmiksować i wymieszać z ubitym jajkiem oraz twarożkiem. Doprawić solą i pieprzem, a następnie dorzucić świeże zioła. Rozłożyć masę do foremek i gotować 20 minut w kąpieli wodnej.

Terrine z łososia i miętusa w limonkach

Czas przygotowania: 30 minut • Bez gotowania

Porcja dla 2–3 osób

- 400 g fileta z łososia (świeżego)
- 200 g fileta z miętusa
- 100 ml soku z limonki
- 1 łyżeczka sosu tabasco
- szczypta gałki muszkatołowej
- pieprz

- 2 torebki żelatyny
- 1 łyżeczka różowego pieprzu
- 4 małe białe cebulki
- 2 duże gałązki świeżej bazylii
- 0,5 l wody

Ryby pokroić na cienkie plasterki i ułożyć w głębokim talerzu. Wymieszać sok z limonki, sos tabasco, gałkę muszkatołową i pieprz. Tym sosem polać rybę. Marynować 1 godzinę w lodówce. W tym czasie przygotować żelatynę zgodnie z przepisem na opakowaniu (0,5 l wody na 2 torebki). Odstawić do ostygnięcia w temperaturze pokojowej.

Osączyć ryby. Formę do ciasta o pojemności co najmniej 1 litra wyłożyć papierem do pieczenia, tak by wystawał poza formę. Na dno formy wlać 2 mm żelatyny i wstawić do lodówki, by stężała. Następnie układać warstwami miętusa, posiekaną cebulę, posiekaną bazylię, różowy pieprz, łososia. Wlać pozostałą żelatynę. Potrząsnąć lekko formą, tak by żelatyna przeniknęła do dna, wypełniając całe naczynie. Zawinąć papier na wierzchu. Wstawić na co najmniej 4 godziny do lodówki, by terrine stężało.

Terrine z tuńczyka

Czas przygotowania: 15 minut • Czas pieczenia: 45–50 minut
Porcja dla 2 osób

- 2 puszki tuńczyka w sosie własnym
- 2 lub 3 łyżki stołowe beztłuszczowego twarożku

- 2 jajka
- kilka kaparów
- sól, pieprz

Zmiksować 1,5 puszki tuńczyka. Dodać do ryby twarożek, jajka, pieprz oraz sól i całość dobrze wymieszać, aż do uzyskania jednolitej masy. Dodać niezmiksowanego tuńczyka i kapary. Wlać masę do wyłożonej papierem do pieczenia formy na ciasto i piec 45–50 minut w piekarniku nagrzanym do 180°C.

Tuńczyk grillowany

Czas przygotowania: 15 minut • Czas pieczenia: 10 minut
Porcja dla 2 osób

- 2 gałązki natki pietruszki
- 1 mały pęczek świeżego oregano
- 1 mała wiązka tymianku
- 3–4 listki laurowe

- 1 cytryna
- 1 łyżeczka ziarenek gorczycy
- 1 kawałek tuńczyka (ok. 400–500 g)

Wymieszać w misce drobno posiekane zioła, rozdrobnione listki laurowe, sok z cytryny i ziarna gorczycy. Posmarować tuńczyka tą marynatą z każdej strony. Piec rybę 5 minut z każdej strony na grillu (lub na lekko naoliwionej patelni), na mocnym ogniu. Podczas pieczenia skrapiać rybę marynatą.

PLACKI

Placek
z twarożku

Czas przygotowania: 20 minut • Czas pieczenia: 40 minut

Porcja dla 2 osób

- 5 jajek
- 250 ml chudego mleka
- 250 g czystych protein w proszku
- kilka listków bazylii
- 250 g beztłuszczowego twarożku

- pół opakowania drożdży
- kilka korniszonów
- 100 g szynki
- 1 pęczek szczypiorku
- sól, pieprz

W dużej misce ubić jajka jak na omlet. Powoli dodawać do nich mleko, proteiny w proszku, sól, pieprz, listki bazylii. Cały czas mieszać energicznie, tak by uzyskać jednolitą masę. Dodawać też stopniowo twarożek, a potem drożdże. Na koniec dołożyć jeden lub kilka z następujących składników: korniszony i / lub szynkę, i / lub szczypiorek...

Przełożyć masę do formy na ciasto. Piec 40 minut w piekarniku nagrzanym do 200°C.

Ostudzić i wyjąć z formy, kiedy ciasto jest jeszcze letnie. Podawać jako przystawkę na ciepło lub zimno.

Placki
na słono

Czas przygotowania: 20 minut • Czas smażenia: 30–35 minut

Porcja dla 1 osoby

Ciasto:
• 2 łyżki stołowe otrąb owsianych
• 1 łyżka stołowa otrąb pszennych
• 1 łyżka stołowa beztłuszczowego twarożku
• 2 kostki serka topionego bez tłuszczu (np. „Krówka śmieszka")
• 3 żółtka
• 3 białka ubite na pianę
• sól, pieprz

Dodatki do wyboru:
• 185 g rozdrobnionego tuńczyka
lub
• 200 g wędzonego łososia
lub
• 150 g szynki bez tłustej skórki
lub
• 150 g mięsa mielonego

Wymieszać wszystkie składniki na ciasto (z wyjątkiem białek ubitych na pianę). Po uzyskaniu jednolitej masy dodać zioła wedle uznania oraz doprawić ją solą i pieprzem. Na końcu dodać wybrany dodatek i ubite białka. Smażyć na rozgrzanej patelni z powłoką zapobiegającą przywieraniu około 30 minut na średnim ogniu, odwrócić za pomocą drewnianej szpatułki i smażyć jeszcze 5 minut.

Placki na słodko

Czas przygotowania: 20 minut • Czas smażenia: 30–35 minut

Porcja dla 1 osoby

Ciasto:

- 2 łyżki stołowe otrąb owsianych
- 1 łyżka stołowa otrąb pszennych
- 1 łyżka stołowa beztłuszczowego twarożku
- 2 kostki serka topionego bez tłuszczu (np. „Krówka śmieszka")
- 3 żółtka
- 3 białka ubite na pianę)
- 1 łyżeczka Hermesetas (lub innego słodziku niskokalorycznego)

Dodatki do wyboru:

- 1 łyżeczka kakao wymieszanego z 1 żółtkiem

lub

- 2 łyżki stołowe aromatu migdałowego, bez tłuszczu i cukru

lub

- 2 łyżki stołowe aromatu pomarańczowego

Wymieszać wszystkie składniki na ciasto (z wyjątkiem białek ubitych na pianę) do uzyskania jednolitej masy. Następnie dodać wybrany aromat i ubite białka. Smażyć na rozgrzanej patelni około 30 minut na średnim ogniu, odwrócić za pomocą drewnianej szpatułki i smażyć jeszcze 5 minut. W wersji placka z czekoladą oblać usmażony placek polewą z kakao i żółtka.

Placek z suszonym mięsem z Grisons

Czas przygotowania: 25 minut • Czas pieczenia: 45 minut

Porcja dla 1 osoby

- 5 lub 6 kawałków mięsa z Grisons
- 1 łyżka stołowa francuskiego serka cancoillotte (5% tłuszczu)

Przygotować ciasto na placek zgodnie z wcześniejszymi przepisami. Na usmażonym placku ułożyć kawałki mięsa z Grisons i posmarować je serkiem cancoillotte. Całość zapiec w piekarniku.

Chlebek dr. Dukana

Czas przygotowania: 5 minut • Czas pieczenia: 5–10 minut

Porcja dla 1 osoby

- 1 jajko
- 1 serek petit suisse (lub homogenizowany)
- 1 łyżka stołowa maizeny
- 1 łyżeczka drożdży

- dowolnie dobrane zmielone przyprawy

Uwaga! Nie dodawać soli!

Wymieszać wszystkie składniki i wlać do prostokątnego półmiska wielkości 15 cm × 20 cm i głębokości co najmniej 5 mm lub do mniejszego półmiska. Przykryć przezroczystą folią (jeśli będziemy piec w piekarniku, to zostawiamy półmisek bez przykrycia), wstawić do mikrofalówki i podgrzewać 5 minut na maksymalnej mocy. Można też piec chlebek co najmniej 10 minut w piekarniku nagrzanym do 200°C.

Po zakończeniu pieczenia natychmiast zdjąć folię z półmiska i przełożyć chlebek na tacę, aby nie opadł.

Pizza z tuńczykiem

Czas przygotowania: 20 minut • Czas pieczenia: 25 minut

Porcja dla 1 osoby

- 1 puszka pomidorów (0,5 l)
- 1 duża cebula
- 1 łyżeczka tymianku, oregano i bazylii
- 1/4 łyżeczki pieprzu

- 180 g tuńczyka w sosie własnym
- 2 łyżki stołowe kaparów
- 6 łyżeczek serka cancoillotte
- sól
- odrobina oliwy

Przygotować ciasto zgodnie z przepisem na placek z otrąb (zob. s. 100–101). Odsączyć pomidory. Cebulę posiekać i zeszklić na lekko naoliwionej patelni z powłoką zapobiegającą przywieraniu. Dodać pomidory, zioła,

pieprz i sól. Dusić 10 minut na małym ogniu. Tuńczyka odsączyć
i rozdrobnić widelcem, odstawić. Posmarować placek masą z pomidorów
oraz ewentualnie serkiem cancoillotte, nałożyć tuńczyka i kapary. Piec
25 minut w piekarniku nagrzanym do 175°C.

Tarta z cynamonem

Czas przygotowania: 25 minut • Czas pieczenia: 40 minut
Porcja dla 4 osób

- 3 jajka
- słodzik
- 250 ml serka petit suisse
  bez tłuszczu

- 1 łyżka stołowa
  zmielonego cynamonu
- 1 laska wanilii
- ciasto na spód przygotowane
  zgodnie z przepisem na placek
  z otrąb (zob. s. 100–101)

Przygotować przybranie: rozbić jajka do miseczki i ubić jak na omlet.
Dodać słodzik (wedle gustu) i ubijać aż do uzyskania jednolitej
konsystencji. Dodać serek i cynamon. Rozkruszyć laskę wanilii
i uzyskane w ten sposób ziarenka dodać do masy. Formę na tartę
wyłożyć papierem do pieczenia. Na dno wlać masę na placek i piec
10 minut w piekarniku nagrzanym do 220°C. Następnie nałożyć
przybranie i piec jeszcze 30 minut.

DESERY

· · · · · · · · ·

Waniliowe bavarois
z białego serka

Czas przygotowania: 15 minut • Bez gotowania

Porcja dla 2 osób

- 3 listki żelatyny
- 2 białka
- 440 g białego serka
homogenizowanego bez tłuszczu
o smaku waniliowym

- słodzik
- 3 łyżki stołowe wody

Moczyć listki żelatyny 5 minut w zimnej wodzie. Białka ubić na sztywną pianę. Na małym ogniu podgrzać 3 łyżki stołowe wody. Włożyć listki żelatyny do ciepłej wody i rozpuścić je. Ubić biały serek, dodać ubite białka oraz płynną żelatynę i miksować jeszcze 2–3 minuty. Dodać słodzik. Wstawić na całą noc do lodówki.

Biszkopt

Czas przygotowania: 30 minut • Czas pieczenia: 35–40 minut

Porcja dla 2 osób

- 3 jajka
- 6 łyżek stołowych słodziku w proszku

- 1 łyżka stołowa aromatu waniliowego bez tłuszczu
- 7 łyżek stołowych maizeny
- 1 łyżeczka proszku do pieczenia

Rozgrzać piekarnik do 160–180°C. W misce ubijać żółtka ze słodzikiem i aromatem waniliowym aż do uzyskania kremowej konsystencji. Dodać maizenę i proszek do pieczenia. Białka ubić na sztywną pianę i dodać do masy. Wlać do formy o średnicy 22–24 cm wyłożonej papierem do pieczenia. Piec 35–40 minut. Ciasto wyjąć z formy, kiedy będzie jeszcze ciepłe, i ostudzić.

Galaretka

Czas przygotowania: 25 minut • Bez gotowania

Porcja dla 4 osób

- 2 listki żelatyny
- 400 g beztłuszczowego twarożku
- 3 łyżki stołowe słodziku

- 8–10 kropli ekstraktu z gorzkich migdałów
- 1 białko

Listki żelatyny namoczyć w miseczce z zimną wodą. W małym rondelku podgrzać na łagodnym ogniu 50 g twarożku. Dodać żelatynę dokładnie odsączoną i wyciśniętą. Dokładnie wymieszać – do całkowitego rozpuszczenia się żelatyny. Do salaterki włożyć pozostałą część twarożku, 2 łyżki stołowe słodziku, ekstrakt z migdałów i ubić wszystko trzepaczką do uzyskania jednolitej konsystencji. Następnie dodać twarożek z żelatyną.

Ubić białko na sztywną pianę. Pod koniec ubijania dodać resztę słodziku i ubijać jeszcze chwilę. Delikatnie połączyć ubite białka z twarożkiem.

Rozłożyć masę do 4 foremek i wstawić do lodówki na co najmniej 2 godziny.

Sernik

Czas przygotowania: 10 minut • Czas pieczenia: 12 minut

Porcja dla 2 osób

- 5 łyżek stołowych beztłuszczowego twarożku
- 2 łyżki stołowe maizeny
- 2 żółtka
- 2 łyżki stołowe soku z cytryny
- 3 łyżki stołowe słodziku
- 5 białek jajka

Ubić trzepaczką twarożek, maizenę, żółtka, sok z cytryny i słodzik, tak by uzyskać kremową konsystencję. Ubić jajka na sztywną pianę i delikatnie dodać do masy serowej. Wlać do formy na suflet. Podgrzewać 12 minut w mikrofalówce na średniej mocy. Spożywać na zimno.

Herbatniki

Czas przygotowania: 10 minut • Czas pieczenia: 15–20 minut

Porcja dla 1 osoby

- 2 jajka
- pół łyżeczki słodziku w płynie
- 20 kropli aromatu waniliowego bez tłuszczu
- 1 łyżka stołowa otrąb pszennych
- 2 łyżki stołowe otrąb owsianych

Wymieszać w naczyniu 2 żółtka, słodzik, aromat waniliowy i otręby. Białka ubić na sztywną pianę i delikatnie dodać do pozostałych składników. Rzadkie ciasto wlać do płaskiej formy. Piec około 15–20 minut w piekarniku nagrzanym do 180°C.

Krem kawowy

Czas przygotowania: 5 minut • Czas pieczenia: 20 minut

Porcja dla 4 osób

- 600 ml chudego mleka
- 1 łyżeczka bardzo mocnej kawy
  (lub kawy rozpuszczalnej)

- 3 jajka
- 3 łyżki stołowe słodziku

Mleko zagotować z kawą. Jajka ubić ze słodzikiem i dodać do nich mleko oraz kawę, ciągle mieszając. Wlać masę do foremek i piec w kąpieli wodnej w piekarniku nagrzanym do 140°C. Podawać schłodzone.

Krem czekoladowy

Czas przygotowania: 5 minut • Czas pieczenia: 15 minut

Porcja dla 4 osób

- 40 ml chudego mleka
- pół łyżeczki zmielonego
  cynamonu
- 20 kropli aromatu waniliowego

- 4 łyżki stołowe kakao
  „Van Houten"
- 4 łyżki stołowe słodziku
- 4 jajka

Zagotować mleko z aromatem waniliowym i cynamonem. Dodać kakao i słodzik. Ostudzić. Ubić jajka i dodać do nich schłodzone mleko. Wlać masę do foremek. Piec w kąpieli wodnej w piekarniku nagrzanym do 180°C.

Krem z przyprawami
Czas przygotowania: 20 minut • Czas gotowania: 20 minut
Porcja dla 4 osób

- 25 ml chudego mleka
- 1 laska wanilii
- pół łyżeczki zmielonego cynamonu
- 1 goździk

- 1 gwiazdka anyżku
- 1 żółtko
- 2 łyżki stołowe słodziku
- 200 g beztłuszczowego twarożku

Mleko razem z laską wanilii przełamaną wzdłuż na pół, cynamonem, goździkiem i anyżkiem zagotować. W misce ubić żółtko ze słodzikiem (do białości). Do żółtka powoli wlewać ciepłe mleko, ciągle mieszając. Przelać masę do rondla i gotować 12 minut na małym ogniu, często mieszając, aż krem zgęstnieje. Krem przefiltrować i ostudzić, dodać do niego twarożek i wstawić do lodówki. Podawać na zimno.

Krem waniliowy
Czas przygotowania: 15 minut • Czas pieczenia: 20 minut
Porcja dla 2 osób

- 2 szklanki chudego mleka
- 3 jajka
- pół szklanki słodziku

- kilka kropli aromatu waniliowego
- szczypta zmielonej gałki muszkatołowej

Rozgrzać piekarnik do 180°C. Naczynie żaroodporne wysmarować masłem lub wyłożyć papierem do pieczenia. Ubić razem mleko, jajka, słodzik i aromat waniliowy. Wlać krem do naczynia i posypać gałką muszkatołową.

Wstawić do piekarnika w kąpieli wodnej na 20 minut, aż krem stężeje. Krem podawać letni lub zimny.

Krem deserowy

Czas przygotowania: 15 minut • Czas gotowania: 4 minuty
Porcja dla 4 osób

- 1 l chudego mleka
- 3 łyżki stołowe słodziku

- 2 łyżki stołowe beztłuszczowego kakao
- 2 łyżki stołowe maizeny

Odlać 140 ml zimnego mleka, a resztę zagotować. Zimne mleko, słodzik, maizenę i kakao wlać do shakera i dobrze nim wstrząsnąć. Kiedy mleko zacznie się gotować, dolać do niego zawartość shakera. Podgrzewać na średnim ogniu, ciągle mieszając. Zdjąć z ognia, gdy tylko krem zacznie się gotować. Rozlać masę do małych foremek.

Krem egzotyczny

Czas przygotowania: 5 minut • Czas gotowania: 5–10 minut
Porcja dla 4 osób

- 1 jajko
- 1 łyżka stołowa maizeny
- 0,5 l chudego mleka
- pół łyżeczki aromatu waniliowego

- ćwierć łyżeczki zmielonego cynamonu
- 1 łyżeczka rumu
- 2 łyżki stołowe słodziku w proszku
- 1 białko

Długo ubijać trzepaczką całe jajko i maizenę, po czym dolać pół szklanki zimnego mleka (100 ml). Resztę mleka zagotować. Przegotowane mleko powoli dolewać do mleka z jajkiem i maizeną (cały czas ubijając). Przelać całość do rondla. Podgrzewać na małym ogniu, ciągle mieszając drewnianą szpatułką. Kiedy krem się zagotuje, natychmiast zdjąć rondel z ognia i przelać masę do schłodzonej miski. Dodać aromat waniliowy, cynamon, rum oraz słodzik i dobrze wymieszać. Białko ubić na sztywną pianę i ostrożnie połączyć z ciepłym jeszcze kremem.
Deser podawać schłodzony.

Krem puszysty

Czas przygotowania: 5 minut • Bez gotowania
Porcja dla 1 osoby

• 4 serki petit suisse bez tłuszczu
• 1 łyżka stołowa słodziku

• 2 białka

Ubić serki ze słodzikiem. Dodać delikatnie białka ubite na sztywną pianę.
Krem podawać schłodzony.

Krem japoński

Czas przygotowania: 5 minut • Bez gotowania
Porcja dla 1 osoby

• 10 g chudego mleka w proszku
• ćwierć łyżeczki kawy
  rozpuszczalnej

• 1 g żelatyny
• 2 kostki słodziku
• 100 ml wody

Mleko w proszku rozpuścić w 100 ml wody. Dodać kawę rozpuszczalną
i podgrzewać, nie doprowadzając do wrzenia. Dodać żelatynę (wcześniej
namoczoną w zimnej wodzie) i słodzik. Przelać masę do pucharka
i wstawić do lodówki.

Krem waniliowy (2)

Czas przygotowania: 10 minut • Czas pieczenia: 20 minut
Porcja dla 5 osób

• 1 l chudego mleka
• 100 g słodziku
• 1 laska wanilii

• 3 żółtka
• 1 białko

Mleko zagotować z laską wanilii. Zdjąć z ognia i pozostawić, by ostygło, wyjąć laskę wanilii i dodać słodzik. Do schłodzonego mleka dodać żółtka i białko. Wymieszać i wlać do kompotierki. Następnie wstawić do piekarnika i piec w kąpieli wodnej 20 minut.

Deser Lisaline

Czas przygotowania: 20 minut • Czas pieczenia: 30–40 minut
Porcja dla 2 osób

• 2 jajka
• 6 łyżek stołowych
  beztłuszczowego twarożku

• słodzik w płynie
• 1 łyżeczka soku z cytryny
  (lub wody z kwiatu pomarańczy)

Rozgrzać piekarnik do 180°C. Oddzielić białka od żółtek. Żółtka ubić z twarożkiem, słodzikiem i sokiem z cytryny, aby powstała gładka masa. Białka ubić na sztywną pianę i delikatnie połączyć z masą serową. Rozlać do foremek i wstawić do piekarnika, piec 25–30 minut, potem włączyć funkcję grillowania na 5–10 minut, aby deser się przyrumienił.

Deser mouzette

Czas przygotowania: 15 minut • Bez gotowania
Porcja dla 4 osób

• 3 listki żelatyny
• 2 łyżki stołowe soku z cytryny
• 300 g beztłuszczowego twarożku

• 2 jajka
• słodzik

Żelatynę moczyć 10 minut w zimnej wodzie. Sok z cytryny podgrzać na małym ogniu. Rozpuścić odsączoną żelatynę w soku z cytryny, po czym ostudzić go. Twarożek wymieszać z 2 żółtkami i słodzikiem, dodać do niego sok. Białka ubić na sztywną pianę. Połączyć delikatnie z pozostałymi składnikami. Włożyć masę do małej salaterki i wstawić ją na 1 godzinę do lodówki.

Flan

Czas przygotowania: 15 minut • Czas pieczenia: 45 minut
Porcja dla 4–5 osób

- 5 jajek
- 375 ml chudego mleka
- 1 laska wanilii

- szczypta zmielonej
  gałki muszkatołowej

Jajka ubić w dużej salaterce. Mleko podgrzać z laską wanilii, nie doprowadzając do wrzenia. Powoli dolać ciepłe mleko do jajek, przyprawić gałką muszkatołową i delikatnie wymieszać. Wlać masę do foremek i wstawić do piekarnika nagrzanego do 160°C, cały czas pilnując, by flan się nie przypalił.

Flan na słodko

Czas przygotowania: 10 minut • Czas pieczenia: 60 minut
Porcja dla 6 osób

- 4 duże jajka
- 2 laski wanilii

- 5–8 łyżek stołowych słodziku
  do pieczenia
- 0,5 l chudego mleka

Rozgrzać piekarnik do 180°C. Ubić jajka z wanilią i słodzikiem. Dodać mleko i wymieszać. Wlać do żaroodpornego naczynia o gładkiej powierzchni i zaokrąglonych brzegach. Piec 1 godzinę.

Ciasto czekoladowe

Czas przygotowania: 15 minut • Czas pieczenia: 10–15 minut

Porcja dla 2 osób

• 3 duże jajka
• 1 łyżka stołowa słodziku

• 10 g kakao „Van Houten"
• szczypta gałki muszkatołowej

Rozgrzać piekarnik do 180°C. Oddzielić białka od żółtek. Ubić żółtka z kakao i słodzikiem. Białka ubić na sztywną pianę. Połączyć pianę z kremem z żółtek i kakao, dodać gałkę muszkatołową. Masę wlać do foremek. Piec 10–15 minut.

Ciasto z twarożku

Czas przygotowania: 10 minut • Czas pieczenia: 30 minut

Porcja dla 4 osób

• 125 g beztłuszczowego twarożku
• 25 g maizeny
• 1 łyżeczka proszku do pieczenia
• starta skórka z 1 cytryny

• pół łyżeczki Hermesetas (lub innego słodziku niskokalorycznego)
• 2 żółtka
• 4 białka

Wymieszać wszystkie składniki z wyjątkiem białek. Białka ubić na sztywną pianę i połączyć z kremem z żółtek i twarożku. Wlać masę do formy do pieczenia i piec 30 minut w piekarniku rozgrzanym do 200°C. Podawać na zimno.

Ciasto jogurtowe

Czas przygotowania: 15 minut • Czas pieczenia: 45 minut

Porcja dla 2 osób

- 3 jajka
- 1 beztłuszczowy jogurt
- pół łyżeczki Hermesetas
  (lub innego słodziku
  niskokalorycznego)

- 4 łyżki stołowe maizeny
- 2 łyżeczki proszku do pieczenia
- odrobina masła
- 1 łyżeczka aromatu
  pomarańczowego

Jajka ubić z jogurtem, dodać słodzik, aromat pomarańczowy, maizenę
i proszek do pieczenia. Formę do pieczenia delikatne posmarować masłem
i wlać ciasto. Wstawić do piekarnika nagrzanego do 180°C i piec 45 minut.

Pomarańczowe ciasto muślinowe

Czas przygotowania: 20 minut • Czas pieczenia: 20 minut

Porcja dla 4 osób

- 1 pomarańcza
- 1 jajko
- 20 g słodziku

- 80 g maizeny
- 6 łyżeczek śmietanki (5% tłuszczu)
- 3 białka

Rozgrzać piekarnik do 120°C. Pomarańczę umyć w ciepłej wodzie.
Zetrzeć część skórki – tyle, by otrzymać 2 łyżeczki. Wycisnąć sok
z pomarańczy. Całe jajko ubić z połową słodziku do uzyskania puszystej
konsystencji. Dodać maizenę, pozostały słodzik i śmietankę. Wlać sok
z pomarańczy, dodać skórkę. Wszystko dobrze wymieszać. Białka ubić
na sztywną pianę i delikatnie połączyć z masą. Ciasto wlać do formy
do pieczenia i wstawić do piekarnika na 20 minut.

Ciasto nana

Czas przygotowania: 15 minut • Czas pieczenia: 30–35 minut
Porcja dla 2 osób

- 3 jajka
- 2 czubate łyżki stołowe maizeny
- pół łyżeczki Hermesetas (lub innego słodziku niskokalorycznego)

- starta skórka z 1 cytryny
- 3 czubate łyżki stołowe beztłuszczowego twarożku
- odrobina masła lub oleju do wysmarowania formy

Oddzielić białka od żółtek, białka ubić na sztywną pianę. Żółtka dobrze wymieszać z maizeną, słodzikiem, serkiem i skórką z cytryny. Dodać ubite białka. Rozgrzać piekarnik do 180°C. Wysmarować tłuszczem formę do ciasta lub małe foremki, wlać ciasto. Piec 30–35 minut.

Galaretka migdałowa

Czas przygotowania: 15 minut • Czas gotowania: 3–5 minut
Porcja dla 2 osób

- 400 ml chudego mleka
- 6 kropli aromatu z gorzkich migdałów, bez tłuszczu

- 3 listki żelatyny

W rondlu zagotować mleko z aromatem migdałowym, zdjąć z ognia. Rozmiękczyć listki żelatyny w odrobinie zimnej wody, następnie odsączyć je i dodać do przegotowanego mleka. Mieszać aż do całkowitego rozpuszczenia żelatyny. Wlać galaretkę do talerza (warstwa galaretki powinna mieć co najmniej 1 cm) i wstawić do lodówki, by stężała.

Biszkopt (2)

Czas przygotowania: 10 minut • Czas pieczenia: 20 minut

Porcja dla 2 osób

- 4 jajka
- 100 g słodziku do pieczenia
- starta skórka z 1 cytryny
- 40 g maizeny

Rozgrzać piekarnik do 180°C. Białka ubić na sztywną pianę. Żółtka wymieszać ze słodzikiem, dodać skórkę z cytryny oraz maizenę i delikatnie wymieszać je z pianą z białek. Wlać do formy wyłożonej papierem do pieczenia i piec 20 minut, aż ciasto nabierze złotego koloru.

Lody dietetyczne

Czas przygotowania: 15 minut • Bez gotowania

Porcja dla 4 osób

- 6 serków petit suisse
- 3 żółtka
- 1 łyżka stołowa śmietany
- 75 g słodziku
- 2 białka
- aromat wedle uznania

Ubijać mocno 2 minuty serki, żółtka, śmietanę, słodzik i dowolnie wybrany aromat. Białka ubić na sztywną pianę, połączyć ją z pozostałymi składnikami. Nałożyć masę do pucharków i wstawić ją do zamrażalnika.

Granité kawowe z cynamonem

Czas przygotowania: 10 minut • Bez gotowania

Porcja dla 2 osób

- 0,5 l gorącej czarnej kawy
- słodzik (wedle gustu)
- 1 łyżeczka zmielonego cynamonu
- 3 ziarnka kardamonu

Gorącą kawę wymieszać ze słodzikiem i przyprawami. Ostudzić. Wlać
do talerza i wstawić do zamrażarki na 1 godzinę. Po wyjęciu kruszyć
mikserem lub blenderem 1 minutę. Ponownie przełożyć na talerz i wstawić
na 15 minut do lodówki. Nałożyć do pucharków i podawać.

Słone lassi

Czas przygotowania: 5 minut • Bez gotowania
Porcja dla 4 osób

- 4 beztłuszczowe jogurty naturalne
- 0,5 l chudego mleka
- szczypta soli

- ćwierć łyżeczki zmielonego
  zielonego kardamonu
- 3 krople wody różanej

Wszystkie składniki wymieszać i ubić trzepaczką. Wlać lassi
do szklaneczek i trzymać w chłodnym miejscu aż do momentu podania.

Bezy

Czas przygotowania: 10 minut • Czas pieczenia: 15–20 minut
Porcja na 12 bez

- 3 białka
- 6 łyżek stołowych
  słodziku w proszku

- 2 łyżeczki kakao
  „Van Houten"
- 2 łyżeczki mocnej kawy

Białka ubić na bardzo sztywną pianę. Stopniowo dodawać słodzik
w proszku zmieszany z kakao, a następnie kawę. Ubijać kolejne
30 sekund. Na blasze do pieczenia uformować trójkątne bezy. Wstawić je
do piekarnika nagrzanego do 150°C. Piec ciastka 15–20 minut.

Uwaga: Aby piana pozostała sztywna, dodawać słodzik, gdy białka są
już dobrze ubite.

Aksamitny
deser jogurtowy

Czas przygotowania: 15 minut • Czas pieczenia: 20–30 minut
Porcja dla 4 osób

- 2 jajka
- 2 łyżeczki słodziku do pieczenia w proszku
- 2 beztłuszczowe jogurty naturalne
- 50 g maizeny
- aromat wedle uznania
- szczypta soli

Nagrzać piekarnik do 210° C. Oddzielić białka od żółtek. Wymieszać żółtka ze słodzikiem, jogurtem, maizeną i aromatem. Białka ubić ze szczyptą soli na bardzo sztywną pianę i połączyć z pozostałymi składnikami. Wlać ciasto do formy do pieczenia o średnicy 18 cm. Piec 20–30 minut.

Mus kawowy

Czas przygotowania: 10 minut • Bez gotowania
Porcja dla 6 osób

- 6 serków petit suisse bez tłuszczu
- 2 łyżki stołowe słodziku
- 4 białka
- 1 łyżka stołowa mocnej kawy

Serki roztrzepać widelcem, by stały się lżejsze. Dodać słodzik. Białka ubić na pianę i delikatnie połączyć z serkami. Na koniec dodać kawę. Wlać do foremek i odstawić na 3 godziny do lodówki.

Mus cytrynowy

Czas przygotowania: 20 minut • Czas gotowania: 2 minuty
Porcja dla 4 osób

- 2 listki żelatyny
- pół cytryny
- 1 jajko

- 2 łyżki stołowe słodziku
- 250 g beztłuszczowego twarożku
- 1 szklanka wody

Listki żelatyny namoczyć w zimnej wodzie. Zetrzeć skórkę z połowy cytryny i odstawić. Oddzielić białko od żółtka. Do żółtka dodać część słodziku, startą skórkę z cytryny i 50 g twarożku. Wymieszać wszystko trzepaczką, tak by uzyskać bladożółtą, jednolitą masę. Wlać do rondelka i postawić na małym ogniu. Podgrzewać 2 minuty, zdjąć z ognia i dodać dokładnie odsączoną żelatynę. Dobrze wymieszać, żeby żelatyna całkowicie się rozpuściła. Resztę twarożku ubić trzepaczką, by miał bardziej aksamitną konsystencję, i dodać do kremu cytrynowego. Białko ubić na sztywną pianę. Dosypać resztę słodziku i ubijać jeszcze kilka sekund. Delikatnie połączyć ubite białka z kremem cytrynowym. Wstawić mus do lodówki.

Mus czekoladowy

Czas przygotowania: 10 minut • Czas gotowania: 5 minut
Porcja dla 2 osób

- 3 łyżki stołowe wody
- 125 g czekolady dietetycznej
- 1 łyżeczka kawy rozpuszczalnej

- 6 białek
- szczypta soli
- 125 g twarożku bez tłuszczu

W naczyniu wymieszać wodę, czekoladę pokrojoną na kawałki i kawę. Przykryć całość folią aluminiową i umieścić w szybkowarze. Gotować 5 minut. Białka ubić z solą na sztywną pianę. Kiedy czekolada się rozpuści, wyjąć naczynie z szybkowara, a do masy dodać twarożek i wymieszać, tak by uzyskać gładką konsystencję. Delikatnie połączyć masę z ubitą pianą. Rozlać mus do pucharków. Przed podaniem trzymać 2 godziny w lodówce.

Mus jogurtowy
z cynamonem

Czas przygotowania: 15 minut • Bez gotowania

Porcja dla 4 osób

- 4 jajka
- 4 beztłuszczowe jogurty

- 1 łyżeczka zmielonego cynamonu
- 3 łyżki stołowe słodziku w proszku

Oddzielić żółtka od białek i ubić białka na sztywną pianę. W salaterce ubić jogurty, dodać cynamon i słodzik. Połączyć delikatnie z pianą z białek i wstawić mus do lodówki, aby stężał.

Mrożony
mus cytrynowy

Czas przygotowania: 10 minut • Bez gotowania

Porcja dla 2–3 osób

- 4 białka
- 0,5 kg twarożku

- sok z 5 cytryn
- skórka starta z 1 cytryny

Białka ubić na sztywną pianę. Twarożek ubić trzepaczką, delikatnie wymieszać go ze skórką z cytryny, sokiem cytrynowym i ubitymi białkami. Wlać do miski i wstawić do zamrażarki, aż stężeje.

Mufinki

Czas przygotowania: 10 minut • Czas pieczenia: 20–30 minut

Porcja dla 4 osób

- 4 jajka
- 4 łyżki stołowe otrąb pszennych
- 8 łyżek stołowych otrąb owsianych
- 4 łyżki stołowe beztłuszczowego twarożku

- pół łyżeczki Hermesetas (lub innego słodziku niskokalorycznego)
- aromat wedle uznania: skórka z cytryny, cynamon, kawa

Rozgrzać piekarnik do 180°C. Białka ubić na pianę. Pozostałe składniki wymieszać i dodać do nich pianę. Rozłożyć ciasto do foremek na mufinki i piec 20–30 minut.

Słodki krem dr. Dukana do smarowania pieczywa

Czas przygotowania: 5 minut • Bez gotowania

Porcja dla 1 osoby

- 1 żółtko
- 1 łyżeczka odtłuszczonego kakao

- 2 łyżki stołowe słodziku
- odrobina wody

Wymieszać wszystkie składniki, tak by uzyskać gęstą masę.

Sorbet herbaciany

Czas przygotowania: 20 minut • Bez gotowania

Porcja dla 2 osób

- 300 ml wody
- 3 łyżki stołowe zielonej herbaty

- sok z 1 cytryny
- 4 listki świeżej mięty

Zagotować 300 ml wody, wrzucić zieloną herbatę i parzyć
pod przykryciem 3 minuty. Odlać 60 ml tego naparu do płaskiego
naczynia i wstawić do zamrażarki. Od czasu do czasu napar zamieszać
widelcem. Przecedzić pozostałe 240 ml naparu przez gazę i wlać razem
z sokiem z cytryny do maszyny do lodów. Mieszać około 15 minut.
Podawać w kieliszkach, formując sorbet w kopczyk. Wierzch posypać
kryształkami z zamrożonej herbaty i ozdobić listkami mięty.

Sorbet limonkowy

Czas przygotowania: 10 minut • Bez gotowania
Porcja dla 2–3 osób

- 4 limonki
- 0,5 kg beztłuszczowego twarożku

- 3 łyżki stołowe
  słodziku

Sparzyć i obrać 2 limonki, zmiksować skórkę. Dodać twarożek,
sok z pozostałych limonek i słodzik. Wszystko dokładnie wymieszać.
Wstawić masę do lodówki na 4 godziny, a następnie przełożyć do
maszynki do lodów i mieszać 3 minuty.

Sorbet jogurtowy

Czas przygotowania: 2 minuty • Bez gotowania
Porcja dla 2–3 osób

- 5 beztłuszczowych jogurtów
- 2 cytryny

- 2 łyżki stołowe twarożku bez
  tłuszczu

Cytryny sparzyć, zetrzeć z nich skórkę i wycisnąć sok. Jogurty ubić
trzepaczką. Dodać do nich startą skórkę z cytryny, sok cytrynowy
i twarożek. Wszystko dobrze wymieszać, wlać do maszynki do lodów
i wymieszać.

Mrożony suflet kakaowy

Czas przygotowania: 10 minut • Bez gotowania

Porcja dla 4 osób

- 200 g beztłuszczowego twarożku
- 60 g kakao „Van Houten"
- 4 białka
- 6 łyżek stołowych słodziku

Twarożek posypać kakao, przesiewając je przez sitko, i ubić mikserem. Białka ubić ze słodzikiem na sztywną pianę. Bardzo dokładnie połączyć serek z białkami. Brzeg formy na suflet wyłożyć pasem folii aluminiowej, tak aby folia wystawała co najmniej 3 cm poza brzegi formy. Wlać masę do formy (powinna dochodzić aż do poziomu folii aluminiowej) i wstawić do zamrażarki co najmniej na 3 godziny. Po wyjęciu sufletu usunąć folię i natychmiast podawać.

Tarta cytrynowa

Czas przygotowania: 15 minut • Czas pieczenia i gotowania: 35 minut

Porcja dla 6 osób

- 3 jajka
- słodzik
- 3 ml zimnej wody
- 1 cytryna
- szczypta soli

Żółtka ubić ze słodzikiem. Dodać wodę, sok i startą skórkę z cytryny. Gotować w kąpieli wodnej na małym ogniu, cały czas mieszając drewnianą szpatułką, aż masa zgęstnieje. Zdjąć z ognia. Do białek dodać sól i słodzik (wedle uznania) i ubić wszystko na sztywną pianę. Połączyć ubite białka z ciepłą masą. Nałożyć ciasto do formy na tartę o średnicy 28 cm (z powłoką zapobiegającą przywieraniu). Piec w piekarniku nagrzanym do 180°C, aż zrumieni się wierzch.

DANIA NA BAZIE PROTEIN I WARZYW

DANIA Z DROBIU

Pory z bekonem

Czas przygotowania: 20 minut • Czas pieczenia: 20 minut
Porcja dla 4 osób

- 800 g pora (białe części)
- 200 g bekonu z indyka
- 1 szalotka
- 2 jajka

- 90 g beztłuszczowego twarożku
- sól
- odrobina oliwy

Pory pokroić na cienkie krążki i gotować 10 minut na parze. Bekon i szalotkę pokrojoną na cienkie paseczki podsmażyć na lekko naoliwionej patelni. Ubić trzepaczką jajka i posolony twarożek. Wymieszać pory z bekonem i szalotką. Przełożyć do żaroodpornego, lekko naoliwionego naczynia. Oblać masą z jajek i twarożku. Piec 20 minut w piekarniku nagrzanym do 150°C.

Przekąska z wędzonego kurczaka

Czas przygotowania: 45 minut • Czas gotowania: 20 minut
Porcja dla 2 osób

- 7 białek
- 60 ml wody
- 1 łyżka stołowa maizeny
- 175 g wędzonego fileta z kurczaka
- 200 g posiekanych pieczarek
- 2 młode, posiekane cebule
- 2 łyżki stołowe beztłuszczowego twarożku

- 1 łyżka stołowa posiekanego szczypiorku
- 20 gałązek szczypiorku, sparzonych, by były bardziej elastyczne
- sól, pieprz
- odrobina oliwy

Białka, wodę i maizenę ubić trzepaczką. Rozgrzać patelnię z powłoką zapobiegającą przywieraniu i nakładać przygotowaną masę łyżką, tak by usmażyć 20 okrągłych placków o średnicy około 10 cm. Osączyć je na papierowym ręczniku i odstawić. Na lekko naoliwionej patelni podsmażyć pokrojonego na kawałki kurczaka, pieczarki i cebule. Zmniejszyć ogień i dodać twarożek, posypać posiekanym szczypiorkiem, doprawić solą i pieprzem. Nałożyć mięso z sosem na wcześniej przygotowane placki. Zamknąć placki (tak by przypominały sakiewki) i przewiązać szczypiorkiem. Przechowywać w chłodnym miejscu. Podawać w temperaturze pokojowej.

Szaszłyki tikka

Czas przygotowania: 25 minut • Czas pieczenia: 8–10 minut
Porcja dla 4 osób

- 800 g filetów z kurczaka
- 1 cebula
- 1 ząbek czosnku
- 20 g świeżego imbiru
- 2 łyżki stołowe soku z cytryny

- 100 ml beztłuszczowego jogurtu
- pół łyżki stołowej mielonych ziaren kolendry
- sól

Filety z kurczaka pokroić na 2-centymetrowe paseczki. Obrać cebulę oraz czosnek i zmiksować razem. Dodać obrany i starty imbir, sok z cytryny, sól, jogurt oraz kolendrę i wszystko dokładnie wymieszać. Uzyskanym sosem polać kawałki kurczaka i marynować je 2 godziny w chłodnym miejscu. Nadziać kawałki kurczaka na drewniane patyczki do szaszłyków. Piec w piekarniku na grillu 8–10 minut, często obracając.

Podawać na ciepło z ogórkami, świeżą cebulą i cytryną.

Kurczak z cytrynami
i pomidorami koktajlowymi

Czas przygotowania: 20 minut • Czas pieczenia: 40 minut

Porcja dla 2 osób

- 5 gałązek tymianku
- 1 kurczak
- 1 cytryna
- 0,5 l rosołu z kury

- 2 średnie cebule
- 2 ząbki czosnku
- 700 g pomidorów koktajlowych
- sól, pieprz

Tymianek opłukać, oderwać listki i posypać nimi kurczaka ułożonego w żaroodpornym naczyniu. Obłożyć mięso plasterkami cytryny. Piec kurczaka 20 minut w piekarniku rozgrzanym do 180°C. W połowie czasu pieczenia podlać kurczaka rosołem. Cebule pokroić na cienkie paski, czosnek posiekać. Wyjąć mięso z piekarnika. Wokół kurczaka rozłożyć cebule, czosnek i pomidory. Kurczaka i warzywa doprawić solą i pieprzem. Warzywa przemieszać. Wstawić potrawę do piekarnika na kolejne 20 minut.

Udka indyka w paprykach

Czas przygotowania: 30 minut • Czas gotowania: 40 minut
Porcja dla 4 osób

- 2 udka indyka
- 3 czerwone papryki
- 50 ml octu winnego

- 2 łyżki stołowe beztłuszczowego twarożku
- sól, pieprz
- pół szklanki wody

Udka podsmażyć w garnku z powłoką zapobiegającą przywieraniu, dodać wodę i dusić je pod przykryciem na małym ogniu 40 minut, często odwracając. Papryki sparzyć we wrzątku, usunąć gniazda nasienne, pokroić na małe kawałki i zmiksować na przecier. Udka wyjąć z garnka, a wywar, który powstał w trakcie gotowania, rozcieńczyć octem winnym. Dodać twarożek, przecier z papryki, doprawić solą i pieprzem i doprowadzić do wrzenia. Położyć udka na talerzu i oblać warstwą sosu.

Potrawka z kurczaka z pieczarkami i szparagami

Czas przygotowania: 20 minut • Czas gotowania: 10–12 minut
Porcja dla 4 osób

- 1 kg pieczarek
- 2 łagodne cebule
- 1 kg fileta z kurczaka
- 0,5 kg szparagów

- odrobina oliwy
- sok z cytryny
- sól, pieprz
- posiekana pietruszka

Pieczarki podsmażyć na lekko naoliwionej patelni z powłoką zapobiegającą przywieraniu i odstawić. Cebule pokroić na cienkie paseczki i zeszklić. Mięso pokroić w kostkę i dodać do cebuli. Przemieszać i podsmażać 6 minut na małym ogniu. Dodać szparagi pokrojone na małe kawałki, następnie pieczarki, sok z cytryny, sól, pieprz i posiekaną pietruszkę. Dusić pod przykryciem na średnim ogniu 10–12 minut.

Potrawka drobiowa
z Martyniki

Czas przygotowania: 20 minut • Czas gotowania: 50 minut

Porcja dla 4 osób

- 1 kg kurczaka
- 250 g pieczarek
- 4 pomidory (bez skórek)
- 2 żółtka

- 250 g beztłuszczowego twarożku
- sól, pieprz
- odrobina oliwy

Przekroić kurczaka na pół, doprawić solą oraz pieprzem i przyrumienić w lekko naoliwionym rondlu (około 10 minut). Dodać oczyszczone pieczarki i dusić pod przykryciem 40 minut. Po 30 minutach dodać pomidory pokrojone w ćwiartki. W małym rondelku dokładnie wymieszać żółtka z twarożkiem. Dwie łyżki wazowe soku powstałego ze smażenia dodać do żółtek i twarożku, dobrze wymieszać i podgrzać. Podawać kurczaka polanego tym sosem.

Królik w estragonie

Czas przygotowania: 20 minut • Czas gotowania: 40 minut

Porcja dla 4 osób

- 0,5 kg pieczarek
- 10 gałązek estragonu
- 1 królik w kawałkach
- 3 łyżeczki posiekanej szalotki
- 2 łyżeczki posiekanego czosnku
- 1 gałązka tymianku

- 1 listek laurowy
- 2 szklanki octu winnego z malin
- 2 łyżki stołowe beztłuszczowego twarożku
- sól, pieprz
- 1 szklanka wody

Oczyścić pieczarki (zachować je w całości). Opłukać estragon i oberwać listki. Kawałki królika włożyć do rondla, zalać wodą i zagotować. Dodać szalotkę, czosnek, połowę estragonu, grzyby, tymianek i listek laurowy.

Można dolać ocet winny. Doprawić wszystko solą oraz pieprzem i dokładnie wymieszać. Dusić królika 40 minut pod przykryciem. Gdy mięso będzie miękkie, wyjąć je z rondla. Odparować sos. Dodać twarożek i resztę estragonu.

Królik z pieczarkami

Czas przygotowania: 15 minut • Czas gotowania: 45 minut
Porcja dla 2 osób

- 400 g mięsa królika (kawałki)
- pół cebuli
- 400 g świeżych pieczarek
- 2 łyżki stołowe beztłuszczowego twarożku

- kilka gałązek posiekanej natki pietruszki
- sól, pieprz
- pół szklanki wody
- odrobina oliwy

Kawałki królika przyrumienić w lekko naoliwionym rondlu z powłoką zapobiegającą przywieraniu. Dodać cebulę pokrojoną na cienkie plasterki i oczyszczone pieczarki pokrojone w ćwiartki. Podlać odrobiną wody, doprawić solą oraz pieprzem i dusić 45 minut na małym ogniu. Pod koniec gotowania dodać 2 łyżki stołowe twarożku, wymieszać wszystkie składniki i doprawić potrawę. Danie podawać posypane natką pietruszki.

Kurczak w papilotach z cukinią

Czas przygotowania: 10 minut • Czas pieczenia: 15–20 minut
Porcja dla 4 osób

- 8 filetów z kurczaka
- 4 cukinie
- 1 ząbek czosnku

- 1 cytryna
- 2 obrane pomidory

Rozgrzać piekarnik do 210°C. Filety pokroić na cienkie paseczki.
Cukinie opłukać, obrać (młodych nie trzeba obierać) i pokroić
na paski. Ząbek czosnku obrać i posiekać. Cytrynę drobno pokroić.
Cukinie, pomidory, czosnek i cytrynę podsmażyć na patelni
na mocnym ogniu. Przemieszać i zdjąć z ognia.
Przygotować 4 prostokątne kawałki papieru do pieczenia,
położyć na nich kurczaka oraz warzywa i zamknąć papiloty.
Piec 15–20 minut.

Zrazy z indyka

Czas przygotowania: 30 minut • Czas gotowania: 70 minut
Porcja dla 4 osób

- 100 g pieczarek
- 1 cebula
- natka pietruszki
- 4 eskalopki z indyka
- 4 plastry chudej szynki

- 0,5 l rozpuszczonej
  kostki rosołowej
  bez tłuszczu
- 250 ml wody
- sól, pieprz

Pieczarki umyć i obrać. Pokroić drobno nóżki pieczarek,
połowę cebuli i pietruszkę. Podsmażać ten farsz 5–6 minut
na średnim ogniu na patelni z powłoką zapobiegającą przywieraniu,
bez tłuszczu. Doprawić solą i pieprzem. Na każdym eskalopku
ułożyć po plastrze szynki, a następnie purée z pieczarek. Zawinąć
je i obwiązać nitką. Podsmażyć zrazy na patelni bez tłuszczu na
średnim ogniu. Pozostałą cebulę grubo pokroić i włożyć do rondelka.
Dodać bulion i wodę. Doprawić solą i pieprzem. Dusić na małym
ogniu 45 minut. Dodać kapelusze pieczarek i dusić jeszcze 20 minut.
Podawać zaraz po przyrządzeniu.

Perliczka w kapuście

Czas przygotowania: 30 minut • Czas gotowania: 75 minut

Porcja dla 4 osób

- 1 perliczka
- pół cytryny
- 1 jarmuż (odmiana kapusty o zielonych, kędzierzawych liściach)
- 1 cebula

- goździki
- 1 bouquet garni
- 0,5 l bulionu bez tłuszczu
- 1 łyżka stołowa borówek
- sól, pieprz

Perliczkę natrzeć sokiem z cytryny i piec w piekarniku na grillu około 5 minut – mięso ma się zrumienić. W tym czasie umyć jarmuż, pokroić na 8 części i blanszować 5 minut we wrzącej osolonej wodzie, po czym odsączyć. Włożyć perliczkę do rondla, otoczyć kapustą. Dodać cebulę, goździki, bouquet garni, pieprz, borówki i bulion. Dusić mięso pod przykryciem na małym ogniu 60–75 minut, często podlewając wytworzonym sosem. Kiedy perliczka będzie miękka, maksymalnie zredukować sos i natychmiast podawać.

Kurczak z cytryną i imbirem w sosie curry

Czas przygotowania: 30 minut • Czas gotowania: 60 minut

Porcja dla 4 osób

- 1 kurczak
- 1 bouquet garni
- 1 łyżeczka ziół prowansalskich
- 2 listki laurowe
- 1 kostka bulionowa bez tłuszczu
- 1 papryka
- 5-6 marchewek
- 1 cebula

- szczypta curry
- 1 łyżka stołowa maizeny
- 1 cytryna
- 1 łyżeczka imbiru pokrojonego na cienkie paseczki
- sól, pieprz
- 1 l wody
- odrobina oliwy

Rondel wypełnić w dwóch trzecich wodą. Włożyć do niego kurczaka, dodać bouquet garni, zioła prowansalskie, listki laurowe, kostkę bulionową, paprykę pokrojoną na kawałki, sól i pieprz. Doprowadzić do wrzenia, przykryć i gotować około 50 minut na małym ogniu. Dorzucić pokrojone marchewki i gotować kolejne 10 minut.

Na lekko naoliwionej patelni zeszklić cebulę pokrojoną na cienkie paseczki, dodać curry, maizenę rozpuszczoną w odrobinie wody, cytrynę pokrojoną na ćwiartki i pokrojony świeży imbir. Kurczaka wyjąć z garnka, pokroić na kawałki i usunąć z nich skórę. Mięso przełożyć na patelnię i przemieszać, by oblepił je sos. W razie potrzeby doprawić. Marchewki podawać osobno.

Kurczak w estragonie z kurkami

Czas przygotowania: 20 minut • Czas gotowania: 25 minut
Porcja dla 4–6 osób

- 6 udek kurczaka
- 1 drobiowa kostka bulionowa bez tłuszczu
- 1 gałązka estragonu
- 1 kg kurek

- 1 ząbek czosnku
- 1 pęczek natki pietruszki
- 250 g beztłuszczowego twarożku
- sól, pieprz
- odrobina oliwy

Kawałki kurczaka, doprawione solą i pieprzem, przyrumienić w lekko naoliwionym rondlu. Dodać 100 ml bulionu drobiowego i dobrze opłukaną gałązkę estragonu. Doprowadzić do wrzenia, przykryć, zmniejszyć ogień i gotować 25 minut.

Na patelni przysmażyć umyte kurki razem z posiekanymi czosnkiem i pietruszką. Doprawić solą i pieprzem.

Tuż przed podaniem wyjąć z rondla gałązkę estragonu i dodać do sosu twarożek, wszystko dobrze wymieszać i podgrzać na małym ogniu. Doprawić w razie potrzeby. Podawać kurczaka na gorąco z kurkami.

Kurczak w ziołach

Czas przygotowania: 15 minut • Czas pieczenia: 60–90 minut

Porcja dla 4 osób

- 1 kurczak
- 1 pęczek świeżej bazylii
- 3 ząbki czosnku
- 1 cytryna
- odrobina suszonego tymianku

- odrobina suszonego rozmarynu
- 200 g papryki
- 250 g marchewki
- sól, pieprz
- szklanka wody

Kurczaka umyć, osuszyć, nafaszerować bazylią, czosnkiem, cytryną pokrojoną na ćwiartki, tymiankiem i rozmarynem. Pozostawić w chłodnym miejscu.

Następnego dnia w dosyć głębokim naczyniu żaroodpornym ułożyć umyte i drobno pokrojone marchewki i papryki. Doprawić je solą oraz pieprzem i podlać odrobiną wody. Na warzywach ułożyć kurczaka i wstawić na 60–90 minut do piekarnika rozgrzanego do 210°C. Podawać na gorąco.

Kurczak z pieczarkami

Czas przygotowania: 20 minut • Czas gotowania: 30 minut

Porcja dla 4 osób

- 800 g fileta z kurczaka
- 2 pomidory obrane ze skórki
- 1 cebula
- 2 ząbki czosnku
- 600 g pieczarek

- 1 cytryna
- 250 ml bulionu
  drobiowego
  bez tłuszczu
- sól, pieprz

Mięso pokroić na kawałki, pomidory rozgnieść. Cebulę i czosnek obrać i posiekać. Dokładnie umyć i oczyścić pieczarki (należy poodcinać końcówki nóżek), pokroić je i skropić kilkoma kroplami soku z cytryny, aby nie sczerniały. Wrzucić grzyby do rondla z powłoką zapobiegającą przywieraniu. Doprawić solą oraz pieprzem i gotować na małym ogniu, aż puszczą sok. Następnie pieczarki odsączyć i odstawić. W rondlu zeszklić cebulę z odrobiną wody. Dodać kurczaka, pomidory, czosnek, bulion drobiowy, sól i pieprz. Gotować 20 minut pod przykryciem na małym ogniu. Podawać z pieczarkami.

Kurczak z papryką

Czas przygotowania: 40 minut • Czas smażenia: 13 minut
Porcja dla 4 osób

- 1 cebula
- 1 ząbek czosnku
- 2 gałązki mięty
- 2 gałązki kolendry
- 4 filety z kurczaka
- 2 łyżki stołowe sosu sojowego

- 2 łyżeczki świeżego startego imbiru
- 1 zielona papryka
- 1 czerwona papryka
- 140 g pędów bambusa
- sól, pieprz
- odrobina oliwy

Cebulę i czosnek obrać i posiekać. Umyć oraz posiekać listki mięty i gałązki kolendry. Filety z kurczaka pokroić na cienkie paski. Ułożyć kurczaka na głębokim talerzu, polać sosem sojowym i obłożyć imbirem. Dodać czosnek, kolendrę i miętę. Przykryć talerz folią aluminiową i marynować mięso 2 godziny w lodówce. Po tym czasie wyjąć kawałki kurczaka z marynaty i odsączyć. Marynatę przecedzić i odstawić.

Papryki umyć, usunąć gniazda nasienne i pokroić na kawałki. Opłukać pędy bambusa i pokroić w słupki.

Kurczaka smażyć 5 minut na lekko naoliwionej patelni, aż się przyrumieni. Doprawić solą i pieprzem. Dodać posiekaną cebulę, by się zeszkliła. Dorzucić papryki i podsmażać wszystko jeszcze 4 minuty, następnie wlać marynatę i dusić kolejne 3 minuty. Dodać pędy bambusa i podgrzewać jeszcze 1 minutę.

Kurczak po baskijsku

Czas przygotowania: 15 minut • Czas gotowania: 60 minut
Porcja dla 4 osób

- 1 kurczak
- 1 kg pomidorów
- 1 marchewka
- 2 papryki

- 2 ząbki czosnku
- 1 bouquet garni
- sól, pieprz
- odrobina oliwy

Kurczaka pokroić na kawałki, oprószyć solą i pieprzem i zrumienić w lekko naoliwionym rondlu z powłoką zapobiegającą przywieraniu (na średnim ogniu). Sparzyć i obrać pomidory, pokroić na ćwiartki i usunąć z nich nasiona. Dodać do kurczaka pomidory, obraną i drobno pokrojoną marchewkę, papryki pokrojone w kostkę, posiekany czosnek i bouquet garni. Doprawić solą i pieprzem. Przykryć i dusić 1 godzinę na małym ogniu.

Kurczak Marengo

Czas przygotowania: 30 minut • Czas gotowania: 45 minut
Porcja dla 4 osób

- 1 kurczak pokrojony
  na kawałki
- 2 cebule
- 2 szalotki
- 1 ząbek czosnku
- 200 ml wody
- 2 łyżki stołowe octu winnego
  (z białego wina)

- 1 łyżka stołowa koncentratu
  pomidorowego
- 4 pomidory bez skórki
- kilka gałązek tymianku
- kilka listków laurowych
- 3 gałązki natki pietruszki
- sól, pieprz
- odrobina oliwy

Kurczaka pokrojonego na kawałki i doprawionego solą oraz pieprzem przyrumienić w lekko naoliwionym rondlu z powłoką zapobiegającą przywieraniu (na mocnym ogniu), a następnie zdjąć z ognia.

Wyjąć z garnka kawałki kurczaka, a na ich miejsce wrzucić cebule pokrojone w krążki, szalotki oraz czosnek i zeszklić na średnim ogniu (około 2 minut). Zalać warzywa wodą, octem winnym i koncentratem pomidorowym. Dodać pokrojone w kostkę pomidory. Włożyć z powrotem do garnka kawałki kurczaka, doprawić wszystko solą i pieprzem. Dodać tymianek, listki laurowe i pietruszkę. Dusić pod przykryciem 45 minut.

Kurczak w lekkim sosie ze świeżych ziół
Czas przygotowania: 30 minut • Czas gotowania: 40–45 minut
Porcja dla 4 osób

- 1 kurczak
- pół cytryny
- 1 cebula przekrojona na pół
- 2 goździki
- 1 marchewka pokrojona na 4 części
- 2 pory i 1 seler (przewiązane nitką)
- 1 bouquet garni
- 1 ząbek czosnku przekrojony na pół
- gruba sól
- 2-3 litry wody

Sos:
- 2 żółtka
- 20 g beztłuszczowego twarożku
- 1 łyżeczka posiekanych, świeżych ziół (szczypiorek, estragon, pietruszka)
- 1 łyżka stołowa wody
- sól, pieprz

Kurczaka umyć, wysmarować połówką cytryny i włożyć do rondla. Dodać warzywa, bouquet garni i czosnek. Wlać zimną wodę, tak by przykrywała kurczaka (powinna sięgać mniej więcej 2 cm nad kurczaka). Posypać grubą solą. Doprowadzić do wrzenia, zebrać szumowiny z powierzchni i gotować na małym ogniu 40–45 minut. Pod koniec gotowania odlać 150 ml bulionu bez tłuszczu i odstawić w ciepłe miejsce.

Żółtka wlać do naczynia, dodać 1 łyżkę stołową zimnej wody. Przygotować garnek z kąpielą wodną i wstawić do niego naczynie z żółtkami oraz wodą. Ubijać żółtka, aż do uzyskania kremowej konsystencji. Uważać, by zbyt mocno ich nie podgrzewać. Dodać do żółtek twarożek, wymieszać trzepaczką. Dolać ciepły bulion, ciągle mieszając. Dodać świeże zioła, doprawić solą i pieprzem. Podawać kurczaka z sosem na gorąco.

Kurczak prowansalski
Czas przygotowania: 15 minut • Czas gotowania: 50 minut
Porcja dla 4 osób

- 1 kurczak
- 1 puszka całych pomidorów w zalewie (bez skórki)
- 4 ząbki czosnku

- 1 mały pęczek pietruszki
- sól, pieprz
- odrobina oliwy

Kurczaka umyć, osuszyć i pokroić na kawałki. Następnie przyrumienić mięso na lekko naoliwionej patelni z powłoką zapobiegającą przywieraniu. Zdjąć z patelni i odstawić. Na patelnię wrzucić rozgniecione pomidory, czosnek, drobno pokrojoną pietruszkę, doprawić solą i pieprzem. Postawić na średnim ogniu, przykryć i dusić 30 minut. Dodać kawałki kurczaka, a jeśli trzeba, dolać odrobinę wody. Przykryć i gotować jeszcze 20 minut.

Zupa grzybowa z kurczakiem
Czas przygotowania: 20 minut • Czas gotowania: 15 minut
Porcja dla 4 osób

- 100 g pieczarek
- 1 ząbek czosnku
- 1 łyżka stołowa kolendry
- 1 łyżeczka pieprzu
- 1 l bulionu drobiowego bez tłuszczu

- 2 łyżki stołowe nuoc mam
- 250 g ugotowanego fileta z kurczaka
- 2 szalotki
- odrobina oliwy

Grzyby oczyścić i pokroić na plasterki. Czosnek obrać, zmiksować z umytą kolendrą i pieprzem. Grzyby i przyprawy wrzucić na lekko naoliwioną patelnię i smażyć 1 minutę na średnim ogniu. Zdjąć z ognia i odstawić. W rondlu zagotować bulion, dodać grzyby i zmiksowane przyprawy oraz nouc mam. Dusić pod przykryciem na wolnym ogniu 5 minut. Kurczaka drobno pokroić i dodać do zupy. Wszystko razem gotować jeszcze kilka minut. Na koniec dodać drobno pokrojone szalotki.

Terrine z królika

Czas przygotowania: 60 minut • Czas pieczenia: 120 minut
Porcja dla 8 osób

- 0,5 kg mięsa królika
- 4 plastry białej chudej szynki (lub szynki drobiowej)
- 1 biała cebula
- 3 szalotki

- 2 jajka
- 2 gałązki pietruszki
- sól, pieprz
- liście sałaty

Mięso królika gotować na parze 20 minut, a następnie zmiksować z szynką, cebulą i szalotkami. Do tak powstałego farszu dodać jajka ubite jak na omlet, posiekaną pietruszkę, doprawić solą i pieprzem. Nałożyć do podłużnej formy i piec 2 godziny w kąpieli wodnej w piekarniku nagrzanym do 180°C. Podawać na talerzach wyłożonych liśćmi sałaty z dowolnymi dodatkami.

Terrine z kurczaka
w estragonie

Czas przygotowania: 40 minut • Czas pieczenia: 90 minut

Porcja dla 6 osób

- 2 papryki
- 3 marchewki
- 2 ząbki czosnku
- 1 kurczak
- 2 listki żelatyny
- 0,5 l pikantnego bulionu
  bez tłuszczu

- 1 obrana cebula
- 1 wiązka estragonu
- 200 g wątróbek
  drobiowych
- sól, pieprz
- 1 l wody

Potrawę tę należy przygotować dzień wcześniej.
Papryki umyć, marchewki i czosnek obrać. Kurczaka włożyć
do garnka, zalać bulionem i dolać tyle zimnej wody, by cały był
zanurzony. Dodać przygotowane warzywa, cebulę, kilka gałązek
estragonu, doprawić solą i pieprzem. Doprowadzić do wrzenia,
przykryć i gotować 90 minut na małym ogniu (regularnie usuwając
szumowiny). W połowie czasu gotowania dodać oczyszczone wątróbki
drobiowe. Kiedy mięso będzie ugotowane, wyjąć je z bulionu i pokroić
w dużą kostkę.

Odparować bulion, by zredukował się o połowę, i przecedzić go.
Dodać listki żelatyny rozmiękczone uprzednio w zimnej wodzie.

Na dno podłużnej formy wyłożyć listki estragonu i wlać cienką
warstwę galarety. Gdy stężeje, układać warstwami połowę kurczaka,
wątróbki, marchewki i resztę kurczaka. Zalać wszystko bulionem
i wstawić na 24 godziny do lodówki.

Letnie terrine

Czas przygotowania: 30 minut • Czas pieczenia: 60 minut

Porcja dla 8 osób

- 1 kg fasolki szparagowej
- 1 marchewka
- 1 seler
- 1 cebula
- 5 gałązek estragonu
- pół łyżeczki oregano

- 8 plastrów szynki (z kurczaka lub indyka)
- 4 jajka
- 300 g beztłuszczowego twarożku
- 1 łyżka stołowa sera cancoillotte (5% tłuszczu)
- sól, pieprz

Fasolkę obrać, opłukać i gotować 5 minut, bez przykrycia. Seler obrać i zetrzeć na tarce, marchewkę umyć i obrać, posiekać w mikserze razem z obraną cebulą. Na patelni z powłoką zapobiegającą przywieraniu podgrzewać farsz warzywny 10 minut na małym ogniu. Odsączyć fasolkę i pokroić w słupki, dołożyć ją do reszty składników na patelni i gotować na małym ogniu (od czasu do czasu mieszając), aż fasolka przestanie oddawać wodę. Dodać posiekany estragon i oregano.

Formę do ciasta (o pojemności 2 l) wyłożyć papierem do pieczenia, tak aby wystawał ponad brzegi formy. Następnie wyłożyć formę 6 plastrami szynki, które powinny wystawać ponad brzegi formy i zachodzić na siebie. Na szynkę wyłożyć farsz warzywny z fasolką. Rozgrzać piekarnik do 180°C.

W naczyniu ubić jajka, twarożek i serek cancoillotte. Doprawić masę solą oraz pieprzem i wylać delikatnie na farsz warzywny z fasolką. Zawinąć szynkę, przykryć wierzch pozostałymi plastrami, a na koniec folią aluminiową.

Piec 1 godzinę w kąpieli wodnej. Ostudzić i wstawić na 4 godziny do lodówki.

DANIA Z MIĘSA

Wołowina z warzywami

Czas przygotowania: 20 minut • Czas gotowania: 30 minut

Porcja dla 1 osoby

- 70 g marchewek
- 1 biała część pora
- 70 g selera naciowego
- 250 g wołowiny bez kości
  (najlepiej polędwicy wołowej)

- 1 bouquet garni
- pół cebuli
- 1 goździk
- sól, pieprz
- 1 l wody

Marchewki, por i seler obrać i umyć. Pokroić warzywa na duże kawałki.
Do rondla wlać 1 l wody. Wrzucić do niej bouquet garni, cebulę, goździk
i warzywa. Doprawić solą oraz pieprzem i doprowadzić do wrzenia.
Do wrzącego bulionu włożyć mięso i gotować je pod przykryciem
na średnim ogniu około 30 minut. Gdy będzie miękkie, wyjąć je, pokroić
na kawałki i ułożyć na talerzu. Przybrać gotowanymi warzywami.

Wołowina z bakłażanem

Czas przygotowania: 45 minut • Czas pieczenia: 15 minut

Porcja dla 4 osób

- 300 g bakłażana
- 400 g średniej wielkości pomidorów obranych ze skórki
- 1 posiekany ząbek czosnku
- 1 łyżka stołowa posiekanej pietruszki

- 500 g chudej wołowiny pokrojonej na cienkie kawałki
- sól, pieprz
- 0,5 litra wody

Bakłażana obrać i pokroić na cienkie krążki. Włożyć je na 15 minut do osolonej wody (aby bakłażan utracił goryczkę). Po kwadransie krążki odsączyć i osuszyć. Pomidory pokroić w ćwiartki, wrzucić do rondla, posypać pietruszką i czosnkiem. Doprowadzić do wrzenia i dusić 30 minut na średnim ogniu.

Połowę warzyw ułożyć na dnie małego żaroodpornego naczynia i doprawić. Na warzywach ułożyć mięso. Przykryć je pozostałymi bakłażanami i pomidorami. Wstawić do piekarnika nagrzanego do 210°C i piec 15 minut. W razie potrzeby doprawić.

Wołowina z papryką

Czas przygotowania: 20 minut • Czas gotowania: 30 minut

Porcja dla 4 osób

- 320 g ligawy (mięso wołowe przypominające polędwicę)
- 4 małe czerwone papryki
- 3 małe cebulki
- 2 łyżki stołowe sosu sojowego
- odrobina oliwy
- 1 szklanka wody

Marynata:
- 1 łyżeczka maizeny
- 4 łyżki stołowe sosu sojowego

Mięso oczyścić i pokroić na cienkie paseczki. Wymieszać maizenę z sosem sojowym i do tej marynaty włożyć wołowinę. Wstawić mięso do lodówki na 2 godziny.

Papryki i cebule pokroić na cienkie paseczki. Wrzucić do lekko naoliwionego rondla. Podsmażyć i dolać szklankę wody. Dusić na małym ogniu 30 minut. Kiedy warzywa będą miękkie, dodać zamarynowane mięso, 2 łyżki stołowe sosu sojowego i w razie potrzeby odrobinę wody. Doprawić do smaku wedle gustu.

Wołowina po burgundzku

Czas przygotowania: 10 minut • Czas pieczenia: 120 minut
Porcja dla 6 osób

- 1 kostka bulionu wołowego bez tłuszczu
- 250 ml wrzącej wody
- 0,5 kg chudej wołowiny pokrojonej w kostkę
- 1 łyżeczka maizeny
- 1 łyżeczka posiekanej natki pietruszki

- 1 posiekany ząbek czosnku
- 1 listek laurowy
- 3 średniej wielkości posiekane cebule
- 150 g pokrojonych pieczarek
- sól, pieprz
- odrobina oliwy

Wołową kostkę bulionową rozpuścić we wrzątku. W dużej naoliwionej patelni podsmażyć wołowinę. Następnie przełożyć mięso do żaroodpornego naczynia. Do rondelka wlać bulion, dodać maizenę, pietruszkę i przyprawy. Doprowadzić do wrzenia i gotować tak długo, aż sos zgęstnieje.

Wołowinę polać sosem (dodać wody, jeśli sos nie pokryje mięsa). Naczynie z wołowiną przykryć i wstawić do piekarnika nagrzanego do 200°C. Piec mięso 2 godziny.

Cebule i pieczarki podsmażyć na patelni z powłoką zapobiegającą przywieraniu (na średnim ogniu). Dodać je do mięsa na ostatnie pół godziny pieczenia.

Wołowina smażona
z warzywami

Czas przygotowania: 30 minut • Czas gotowania: 5 minut

Porcja dla 4 osób

- 0,5 kg świeżej wołowiny
- 6 łyżek stołowych sosu sojowego
- 1 łyżka stołowa octu winnego
- 1 łyżka stołowa maizeny
- 1 pęczek białych cebulek
- 1 zielona papryka

- 2 marchewki
- 2 łyżeczki Hermesetas
  (lub innego słodziku
  niskokalorycznego) w płynie
- sól, pieprz
- odrobina oliwy

Mięso oczyścić i pokroić na kawałki, następnie włożyć do głębokiego
talerza i zalać sosem sojowym wymieszanym z octem winnym
i maizeną. Wymieszać wszystko dokładnie i marynować wołowinę
30 minut w chłodnym miejscu.

Odsączone mięso obsmażyć na patelni na mocnym ogniu
(około 1 minuty). Odstawić w ciepłe miejsce.

Cebulki umyć i drobno pokroić wzdłuż. Paprykę przekroić na pół,
usunąć gniazda nasienne i pokroić na cienkie kawałki. Marchewki
obrać i pokroić na średniej grubości plasterki. Warzywa podsmażyć
na lekko naoliwionej patelni z powłoką zapobiegającą przywieraniu.
Dodać marynatę, mięso, posypać słodzikiem, doprawić solą
i pieprzem. Podgrzewać całość kilka minut, ciągle mieszając. Podawać
natychmiast.

Szaszłyk wołowy Turgloff

Czas przygotowania: 20 minut • Czas grillowania: 10 minut
Porcja dla 2 osób

- 0,5 kg pomidorów
- 1 zmiażdżony ząbek czosnku
- 600 g chudej wołowiny
- 200 g papryki
- 200 g cebuli
- sok z 1 cytryny

- sól z selera
- sól z estragonu
- natka pietruszki
- sól, pieprz
- odrobina oliwy

Pomidory sparzyć, obrać, usunąć nasiona i rozgnieść pomidory, po czym przysmażyć z czosnkiem na lekko naoliwionej patelni na małym ogniu. Doprawić.

Mięso, papryki i cebule pokroić na kawałki. Nabić składniki na patyczki do szaszłyków i grillować około 10 minut (w piekarniku lub na ruszcie).

Przed podaniem zdjąć składniki z patyczków, nałożyć je na talerze, skropić sokiem z cytryny i posolić solą z selera i estragonu. Na każdy talerz wlać trochę przecieru pomidorowego. W razie potrzeby doprawić. Posypać natką pietruszki.

Pieczarki faszerowane

Czas przygotowania: 25 minut • Czas pieczenia: 20–25 minut
Porcja dla 2 osób

- 100 g szpinaku
- pół kostki bulionowej wołowej
- 400 g pieczarek (jak największych, by można je faszerować)
- 1 cytryna
- 1 ząbek czosnku
- 1 plaster chudej białej szynki

- 2 plastry bekonu z indyka
- natka pietruszki
- 1 łyżka stołowa otrąb owsianych
- 3–4 łyżki stołowe chudego mleka
- sól, pieprz
- odrobina oliwy

Szpinak ugotować we wrzącej posolonej wodzie z kostką bulionową (około 10 minut). Pieczarki umyć, oddzielić kapelusze od nóżek i skropić sokiem z cytryny. Posiekać czosnek, szynkę, bekon, pietruszkę, szpinak (dobrze osuszony) i nóżki pieczarek. Wymieszać z otrębami i mlekiem, doprawić. Kapelusze pieczarek napełnić przygotowanym farszem i ułożyć na blasze posmarowanej oliwą lub w żaroodpornym naczyniu. Piec 20–25 minut w piekarniku nagrzanym do 180°C.

Cukinie faszerowane

Czas przygotowania: 10 minut • Czas pieczenia: 30 minut
Porcja dla 4 osób

- 4 cukinie
- 0,5 kg chudego mielonego mięsa
- 1 słoik salsa verde (meksykański sos z zielonych pomidorów z ostrą papryką)
- 200 g beztłuszczowego twarożku
- sól, pieprz

Cukinie umyć, przekroić wzdłuż na pół i usunąć nasiona. Doprawić solą i pieprzem. Mięso wymieszać z salsą verde i twarożkiem. Napełnić cukinie farszem. Piec 30 minut w piekarniku nagrzanym do 240°C.

Wołowina w occie winnym z cukinią

Czas przygotowania: 60 minut • Czas gotowania: 40 minut
Porcja dla 4 osób

- 600 g chudej wołowiny
- 1 cebula
- 3 ząbki czosnku
- 4 cukinie
- 1 szklanka wody
- 100 ml octu malinowego
- 2 gałązki natki pietruszki
- ćwierć pęczka estragonu
- sól, pieprz
- odrobina oliwy

Wołowinę oczyścić i pokroić na małe, cienkie kawałki.
Cebulę i czosnek obrać i posiekać. Cukinie umyć i pokroić w słupki.
Czosnek, cebulę i cukinie podsmażyć na lekko naoliwionej patelni
z powłoką zapobiegającą przywieraniu. Często mieszać,
aby warzywa przyrumieniły się równomiernie z każdej strony.
Wlać szklankę wody, przykryć i dusić 20 minut na małym ogniu.
Przełożyć na talerz.
    Na tej samej patelni podsmażać mięso 5 minut na mocnym
ogniu, po czym dolać ocet. Wymieszać, a następnie dodać warzywa.
Dusić wszystko na małym ogniu 15 minut, a w ostatniej chwili
dodać posiekany estragon i pietruszkę. Doprawić solą oraz pieprzem
i podawać na gorąco.

Eskalopki cielęce
z marchewkami i cytryną

Czas przygotowania: 15 minut • Czas smażenia: 10 minut
Porcja dla 4 osób

- 0,5 kg marchewki (obranej
  i startej na grubej tarce)
- 4 cienkie eskalopki cielęce

- 1 cytryna
- 2 szklanki wody
- odrobina oliwy

Zagotować wodę, wrzucić do niej marchewki i blanszować je
2–3 minuty, a następnie odsączyć. Przyrumienić marchewki i startą
skórkę z cytryny na naoliwionej patelni przykrytej folią aluminiową
lub papierem do pieczenia. Zdjąć folię i dodać sok wyciśnięty
z cytryny.
    Na lekko naoliwionej patelni podsmażyć eskalopki 7–8 minut
na małym ogniu, a następnie dodać sok, który wydzielił się
w trakcie gotowania marchewek. Odparować sos. Podawać na ciepło
z marchewką.

Zapiekanka z bakłażana po kreteńsku

Czas przygotowania: 20 minut • Czas pieczenia: 5 minut

Porcja dla 2 osób

- 600 g mielonej wołowiny
- 2 ząbki czosnku
- 15 listków mięty
- 400 g pomidorów (z puszki, bez skórki)

- 2 bakłażany
- 200 g beztłuszczowego jogurtu
- sól, pieprz
- odrobina oleju

Mięso podsmażyć w rondlu, dodać rozgnieciony czosnek, posiekane listki mięty i pomidory z puszki. Przykryć i dusić 20 minut, od czasu do czasu mieszając. Bakłażany umyć i pokroić wzdłuż na plastry o grubości 1 cm. Przyrumienić je na średnim ogniu, na lekko naoliwionej patelni, 3 minuty z każdej strony. Następnie ułożyć je na papierowym ręczniku, by papier wchłonął tłuszcz.

Do mięsa dodać jogurt, wymieszać wszystko i doprawić solą oraz pieprzem.

Na talerzu do zapiekania ułożyć obok siebie 2 plastry bakłażana. Na nich ułożyć warstwę mięsa z sosem. Układać na zmianę kolejne warstwy, tak aby na końcu była warstwa bakłażanów.

Wstawić do piekarnika nagrzanego do 200°C i piec 5 minut. Podawać zaraz po wyjęciu z piekarnika.

Filety cielęce w papilotach

Czas przygotowania: 15 minut • Czas gotowania: 10 minut

Porcja dla 4 osób

- 1 cebula
- 1 marchewka
- 1 biała część pora
- 4 filety cielęce po 120 g każdy

- 4 łyżki stołowe posiekanych świeżych ziół (pietruszka, tymianek, szczypiorek)
- sól, pieprz

Rozgrzać piekarnik do 180°C. Warzywa umyć, obrać i drobno pokroić. Przyrumienić je lekko w rondlu, dodać 2 łyżki stołowe wody, doprawić solą i pieprzem. Dusić pod przykryciem 6 minut. Wyciąć 4 kwadraty z folii aluminiowej, na środku ułożyć warzywa, zioła i filety cielęce. Zawinąć papiloty. Wstawić do piekarnika na 10 minut.

Wątróbka w pomidorach

Czas przygotowania: 20 minut • Czas smażenia: 20 minut
Porcja dla 1 osoby

- 1 wątróbka cielęca (100 g)
- 1 średnia cebula
- 1 duży pomidor (lub puszka krojonych pomidorów w zalewie)
- pół łyżeczki oregano (lub suszonego majeranku)

- 1 płaska łyżeczka maizeny
- 1 pęczek pietruszki
- sól, pieprz
- odrobina oliwy

Wątróbkę pokroić w poprzek, tak by otrzymać 3–4 bardzo cienkie eskalopki. Cebulę pokroić na cienkie plasterki. Rozgrzać lekko naoliwioną patelnię z powłoką zapobiegającą przywieraniu i zeszklić na niej cebulę. Kiedy cebula się przyrumieni, zdjąć ją z patelni i odstawić. Na tej samej patelni podsmażyć pokrojone pomidory, posypać je oregano i zdjąć z ognia.

Wątróbki obtoczyć w maizenie, doprawić solą i pieprzem. Podsmażyć z każdej strony na średnim ogniu. Ułożyć je na ciepłym talerzu, otoczyć pomidorami i przysmażoną na złoto cebulą. Posypać natką pietruszki. Podawać natychmiast.

Potrawka mięsna
z cukinią

Czas przygotowania: 20 minut • Czas gotowania: 25 minut
Porcja dla 4 osób

- 1 kg cukinii
- 0,5 kg mielonej, chudej wołowiny
- 400 g przecieru pomidorowego
- 1 ząbek czosnku

- 3 gałązki natki pietruszki
- sól, pieprz
- odrobina oliwy

Cukinie umyć, pokroić na plasterki i gotować na parze 20 minut. W tym samym czasie przysmażać mięso około 10 minut na lekko naoliwionej patelni z powłoką zapobiegającą przywieraniu. Dodać przecier pomidorowy, czosnek, pietruszkę, doprawić solą i pieprzem. Gotować jeszcze 5 minut. Dokładnie wymieszać wszystko z cukinią.

Zapiekanka z kalafiorem

Czas przygotowania: 20 minut • Czas pieczenia: 45 minut
Porcja dla 6 osób

- 1,2 kg kalafiora
- 600 g mielonego mięsa
- 1 drobno pokrojona cebula

- 2 ząbki czosnku
- 1 mały pęczek natki pietruszki
- sól, pieprz

Kalafior ugotować na parze i zmiksować na purée. Następnie zmiksować mięso z cebulą, czosnkiem, pietruszką, solą i pieprzem.

Na żaroodpornym talerzu ułożyć mięso, a na nim purée z kalafiora. Piec 45 minut w piekarniku nagrzanym do 180°C.

Nóżki cielęce
po nicejsku

Czas przygotowania: 30 minut • Czas gotowania: 105 minut

Porcja dla 4 osób

- 1 nóżka cielęca (ok. 1 kg)
- 2 średnie marchewki
- 2 średnie cebule
- 1 ząbek czosnku
- 750 g jędrnych pomidorów
- pół cytryny

- 1 bouquet garni
- 1 płaska łyżka stołowa koncentratu pomidorowego
- sól, pieprz
- 1 szklanka wody

Nóżkę cielęcą sparzyć i obrać ze skóry. Mięso oddzielić od kości i pokroić na kawałki. Obrać i umyć marchewki oraz obrać cebule. Obrać i posiekać czosnek. Pomidory sparzyć, obrać ze skórki i pokroić na duże kawałki, usunąć nasiona. Cytrynę sparzyć, osuszyć i połowę pokroić na ćwiartki. Do garnka z powłoką zapobiegającą przywieraniu włożyć pokrojone na krążki cebule oraz marchewki i zalać je szklanką wody. Doprowadzić wodę do wrzenia i dodać kawałki pomidorów, posiekany czosnek, ćwiartki cytryny oraz bouquet garni. Ponownie doprowadzić do wrzenia. Delikatnie wymieszać. Dodać kawałki mięsa. Doprawić solą i pieprzem. Przykryć i gotować na małym ogniu półtorej godziny (nie dłużej niż 1 godzinę 45 minut). Pod koniec gotowania wyjąć bouquet garni, dodać koncentrat pomidorowy i w razie potrzeby danie doprawić.

Wyjąć kawałki mięsa, ułożyć je na talerzu, przykryć warzywami i polać sosem.

Osso bucco

Czas przygotowania: 15 minut • Czas gotowania: 90 minut
Porcja dla 4 osób

- 1 nóżka cielęca (ok. 1 kg)
- 1 kg marchewek
- 1 cytryna
- 1 pomarańcza

- 8 płaskich łyżeczek
  koncentratu pomidorowego
- 0,5 l gorącej wody
- szczypta oregano
- sól, pieprz

Nóżkę sparzyć i obrać ze skóry. Mięso oddzielić od kości. Kawałki mięsa grillować 7–8 minut w piekarniku rozgrzanym do 150°C. Marchewki obrać i umyć, pokroić na plasterki i wrzucić do rondla. Sparzyć i obrać pomarańczę oraz cytrynę (cienko, starając się nie odkrawać z owoców białej osłonki), skórki włożyć do rondla z marchewkami. Dodać sok z cytryny. Rozpuścić w wodzie koncentrat pomidorowy. Wlać go na marchewki. Dodać oregano, sól i pieprz. Gotować na średnim ogniu. Do rondla wrzucić kawałki mięsa. Potrawę dusić na małym ogniu około 90 minut.

Chlebek z cielęciny w jogurcie

Czas przygotowania: 10 minut • Czas pieczenia: 60 minut
Porcja dla 2 osób

- 750 g mielonej cielęciny
- 400 g startej marchewki
- 1 posiekana cebula

- 1 posiekany ząbek czosnku
- 200 g posiekanych pieczarek
- 2 kubki beztłuszczowego jogurtu

Wszystkie składniki wymieszać i włożyć do formy do pieczenia. Wstawić do piekarnika nagrzanego do 180°C i piec 1 godzinę.
    Podawać na ciepło lub na zimno.

Chlebek z mięsa
z pieczarkami

Czas przygotowania: 20 minut • Czas pieczenia: 45–50 minut

Porcja dla 2 osób

- 400 g chudej wołowiny
- 400 g chudej cielęciny
- 2 jajka
- 1 cebula
- 2 ząbki czosnku

- 150 g pieczarek
- kilka gałązek tymianku, rozmarynu i pietruszki
- sól, pieprz
- odrobina oliwy

Wołowinę i cielęcinę zmielić. Dodać jajka, posiekaną cebulę i zmiażdżony czosnek. Doprawić solą i pieprzem. Dodać umyte i posiekane zioła. W lekko naoliwionym rondlu podsmażyć drobno pokrojone pieczarki, a następnie dodać je do reszty składników. Nałożyć masę mięsną do formy na ciasto i wstawić do piekarnika nagrzanego do 240°C. Piec 45–50 minut.

Danie można podawać na gorąco lub na zimno.

Zrazy cielęce

Czas przygotowania: 20 minut • Czas pieczenia: 60 minut

Porcja dla 2 osób

- 2 jajka na twardo
- 2 eskalopki cielęce (100 g)
- 100 g posiekanej cebuli
- 100 g posiekanych pieczarek

- kilka gałązek tymianku
- kilka listków laurowych
- 2 szklanki soku pomidorowego
- sól, pieprz

Każde jajko zawinąć w cienkiego dużego eskalopka (mięso wcześniej delikatnie oprószyć solą). Delikatnie obwiązać zrazy nitką. Ułożyć je w małym żaroodpornym naczyniu. Dodać cebulę, grzyby, tymianek i listki laurowe. Zalać sokiem pomidorowym doprawionym solą i pieprzem. Przykryć i piec około 60 minut w piekarniku rozgrzanym do 160°C.

Zdjąć pokrywkę, usunąć nitki. Przekroić zrazy na pół, tak by było widać żółtko. Podawać polane sosem pomidorowym, otoczone cebulą i pieczarkami.

Potrawka z wołowiny z dwiema paprykami

Czas przygotowania: 20 minut • Czas gotowania: 30 minut

Porcja dla 4 osób

- 450 g wołowiny pokrojonej w kostkę
- pół posiekanej cebuli
- 1 posiekany ząbek czosnku
- 1 łyżka stołowa koncentratu pomidorowego
- 0,5 l bulionu wołowego

- 1 zielona papryka
- 1 czerwona papryka
- 1 marchewka
- 1 rzepa
- 1 łyżka stołowa mąki ziemniaczanej
- 2 łyżki stołowe wody
- sól, pieprz

Kawałki wołowiny podsmażyć w rondlu na mocnym ogniu. Dodać cebulę i czosnek. Smażyć jeszcze 1 minutę, ciągle mieszając. Dodać koncentrat pomidorowy i bulion. Doprawić solą i pieprzem. Doprowadzić do wrzenia i dusić 20 minut na małym ogniu.

W czasie gdy mięso się dusi, umyć papryki, przekroić je na pół, usunąć gniazda nasienne i pokroić na kawałki.

Wrzucić pokrojone warzywa do rondla z wołowiną i gotować całość jeszcze 5 minut. Dodać rozpuszczoną w 2 łyżkach wody mąkę ziemniaczaną. Gotować jeszcze około 3 minut (aż sos zgęstnieje), od czasu do czasu mieszając.

Pieczeń cielęca z małymi cebulkami

Czas przygotowania: 30 minut • Czas pieczenia: 50 minut

Porcja dla 4 osób

- 10 g masła
- 2 średnie marchewki
- 1 duża cebula
- 1 ząbek czosnku
- 2 szalotki

- 1 kg mięsa cielęcego na pieczeń
- 20 małych cebulek
- 2 goździki
- sól, pieprz
- 1 szklanka wody

Rozgrzać piekarnik do 220°C. Naczynie żaroodporne wysmarować 10 g masła. Obrać marchewki, cebulę, czosnek i szalotki. Warzywa drobno pokroić i ułożyć ich warstwę na dnie naczynia. Na warzywach ułożyć mięso. Doprawić solą i pieprzem. Na dno naczynia wlać szklankę wody. Piec cielęcinę w bardzo gorącym piekarniku 20 minut, aż się przyrumieni, podlewając wywarem, który wydzielił się w czasie pieczenia. W tym czasie obrać małe cebulki. W 2 cebulki wbić goździki i razem z pozostałymi cebulkami dodać do naczynia. Piec około 30 minut w piekarniku w temperaturze 190°C. Podawać potrawę w naczyniu, w którym piekło się mięso.

Rolada szynkowa ze świeżymi ziołami

Czas przygotowania: 15 minut • Bez gotowania

Porcja dla 2 osób

- 50 g rzodkiewki
- 50 g ogórka
- półtora pomidora
- 2 szalotki
- 4 korniszony
- 3 lub 4 szczypiorki
- 3 gałązki pietruszki

- szczypta estragonu
- 250 g beztłuszczowego twarożku
- 4 plastry szynki drobiowej
- 1 jajko na twardo
- sól, pieprz

Rzodkiewkę, ogórek, pomidor, szalotki oraz szczypiorek, pietruszkę
i estragon umyć i posiekać.
Wymieszać z twarożkiem. Doprawić solą i pieprzem.
Posmarować masą serową plastry szynki i zwinąć je w ruloniki.
Podawać udekorowane połówką pomidora, jajkiem na twardo
i korniszonami.

Roladki z omleta
z wołowiną

Czas przygotowania: 30 minut • Czas gotowania: 15 minut
Porcja dla 4 osób

- 700 g wołowiny (pokrojonej
  na cienkie plastry)
- 2 łyżki stołowe sosu sojowego
- 2 zmiażdżone ząbki czosnku
- 1 łyżeczka startego
  świeżego imbiru
- 10 jajek

- 1 duża drobno pokrojona cebula
- 1 drobno pokrojona marchewka
- 120 g kiełków soi
- 6 posiekanych gałązek
  szczypiorku
- sól, pieprz
- odrobina oliwy

Wołowinę wymieszać z częścią sosu sojowego, czosnkiem i imbirem.
Przykryć i marynować w chłodnym miejscu co najmniej 3 godziny,
a najlepiej całą noc. Na naoliwionej patelni usmażyć 8 cienkich omletów
(z dobrze ubitych, doprawionych solą i pieprzem jajek) i odstawić.
Na patelni podsmażyć mięso z cebulą, aż wołowina się ładnie
przyrumieni. Dodać resztę sosu sojowego i doprowadzić do wrzenia.
Dodać marchewkę i dusić do miękkości. Dodać kiełki i szczypiorek,
dobrze wszystko wymieszać. Mięso z warzywami ułożyć na omletach,
zwinąć je w ruloniki i przekroić na pół.

Sałatka z łososiem i mięsem z Grisons

Czas przygotowania: 20 minut • Czas smażenia: 2–3 minuty

Porcja dla 4 osób

- 1 sałata zielona (lub mieszanka liści zielonej sałaty, rukoli itp.)
- 30 plasterków suszonego mięsa z Grisons
- 1 łyżeczka oleju parafinowego

- 3 łyżki stołowe octu balsamicznego
- 700 g świeżego łososia
- kilka ziarenek różowego pieprzu
- kilka listków trybuli
- sól, pieprz

Ułożyć liście sałaty na talerzach. Na nich ułożyć plastry mięsa z Grisons. Przygotować sos winegret z oleju parafinowego oraz octu balsamicznego i doprawić go solą oraz pieprzem. Łososia pokroić na duże kawałki i krótko podsmażyć ze wszystkich stron na mocno rozgrzanej patelni z powłoką zapobiegającą przywieraniu. Ułożyć kawałki łososia na talerzach i skropić sosem winegret. Posypać zmielonym różowym pieprzem i udekorować listkami trybuli. Podawać natychmiast.

Sałatka w ziołowym sosie jogurtowym

Czas przygotowania: 15 minut • Bez gotowania

Porcja dla 2 osób

- 300 g pieczarek
- 1 pęczek rzodkiewki
- 4 plastry szynki drobiowej z ziołami
- 4 duże korniszony
- 1 mały beztłuszczowy jogurt

- 1 posiekany ząbek czosnku
- 1 łyżeczka musztardy
- kilka gałązek natki pietruszki
- kilka pędów szczypiorku
- sól, pieprz

Pieczarki oraz rzodkiewki umyć i pokroić w drobną kostkę. Szynkę pokroić na małe kawałki, a korniszony w grube krążki i dodać je do grzybów i rzodkiewek. Przygotować sos – wymieszać jogurt

z posiekanym ząbkiem czosnku, musztardą, posiekaną natką pietruszki,
drobno pokrojonym szczypiorkiem, doprawić solą i pieprzem. Pozostałe
składniki zalać sosem i wszystko dobrze wymieszać. Przed podaniem
wstawić do lodówki.

Cielęcina z papryką

Czas przygotowania: 30 minut • Czas gotowania: 60 minut
Porcja dla 4 osób

- 800 g cielęciny
- 1 duża cebula
- 2 łyżeczki zmielonej papryki
- 200 g beztłuszczowego twarożku
- 2 marchewki

- 1 duża cukinia
- 2 pomidory
- sól, pieprz
- odrobina oliwy

Cielęcinę opłukać, osuszyć, pokroić w kostkę, doprawić solą i pieprzem.
Cebulę obrać i drobno pokroić. Kawałki mięsa przysmażyć na lekko
naoliwionej patelni na średnim ogniu, po czym smażyć jeszcze 10 minut,
mieszając drewnianą szpatułką. Kiedy mięso się przyrumieni, dodać
cebulę i paprykę, doprawić solą oraz pieprzem. Dokładnie wymieszać.
Dusić bez przykrycia, aby zmniejszyła się objętość soku, który wydzielił
się w trakcie smażenia. Przykryć patelnię i dusić dalej mięso na małym
ogniu jeszcze 30 minut.
   Marchewki i cukinię obrać i umyć. Marchewki pokroić w cienkie
słupki, a cukinię w plasterki. Pomidory sparzyć, obrać ze skórki
i przekroić na pół. Usunąć nasiona, a miąższ pokroić na małe kawałki.
Marchewki, cukinię i pomidory gotować na parze 15 minut.
   Tuż przed podaniem dodać do warzyw twarożek. Doprawić
do smaku.
   Cielęcinę w papryce ułożyć na półmisku, a dookoła ułożyć warzywa.

Pulpety po meksykańsku

Czas przygotowania: 20 minut • Czas smażenia: 8 minut

Porcja dla 1 osoby

- 250 g mielonego mięsa
- pół łyżeczki mieszanki przypraw meksykańskich

- 2 średnie pomidory
- odrobina oliwy

Z mielonego mięsa wymieszanego z przyprawami uformować pulpety. Podsmażyć je na lekko naoliwionej patelni na mocnym ogniu, tak by się przyrumieniły (ale nie powinny być suche). Pomidory sparzyć i obrać ze skórki. Pokroić je na małe kawałki i podsmażać na patelni z przyprawami, aż do uzyskania gęstego sosu.

Polać pulpety sosem i podawać natychmiast.

Stek z mięsa mielonego po węgiersku

Czas przygotowania: 15 minut • Czas smażenia: 9 minut

Porcja dla 4 osób

- 6 małych młodych cebulek
- 1 czerwona papryka
- 0,5 kg mielonego mięsa (5% tłuszczu)
- 2 łyżki stołowe mielonej papryki
- 100 ml przecieru pomidorowego

- szczypta pieprzu kajeńskiego
- pół cytryny
- 80 g beztłuszczowego twarożku
- sól, pieprz
- odrobina oleju

Cebule obrać i posiekać, paprykę umyć, usunąć gniazda nasienne i pokroić na drobną kostkę. Delikatnie nasmarować patelnię olejem i podsmażać cebule oraz paprykę 5 minut na małym ogniu.

Zdjąć warzywa z patelni i podsmażać na niej mielone mięso 5 minut na mocnym ogniu, rozgniatając je widelcem. Dodać mieloną paprykę,

przecier pomidorowy, podsmażone cebule i papryki. Dusić jeszcze
2 minuty, ciągle mieszając. Doprawić do smaku solą, czarnym pieprzem
i pieprzem kajeńskim.

Wycisnąć połowę cytryny i ubić z twarożkiem. Zdjąć patelnię z ognia
i dodać twarożek. Podgrzać, nie doprowadzając do wrzenia, i natychmiast
podawać.

DANIA Z JAJEK

Naleśniki z cukinii

Czas przygotowania: 15 minut • Czas smażenia: 4–5 minut
Porcja dla 3 osób

- 6 jajek
- 6 cukinii
- 1 ząbek czosnku

- kilka gałązek natki pietruszki
- sól, pieprz
- oliwa do smażenia

Oddzielić białka od żółtek i ubić białka na sztywną pianę. Cukinie umyć, obrać i drobno posiekać. Wymieszać z posiekanym czosnkiem, posiekaną natką pietruszki, doprawić solą i pieprzem. Delikatnie dodać białka. Usmażyć na naoliwionej patelni jak grube naleśniki.

Pulpeciki z cukinii

Czas przygotowania: 15 minut • Czas smażenia: 4 minuty na 1 porcję
Porcja dla 1 osoby

- 2 cukinie
- 1 jajko
- 4 łyżki stołowe maizeny

- sól, pieprz
- odrobina oleju

Cukinie umyć i obrać (nie usuwać ziarenek ze środka). Moczyć 1 godzinę w soli (1 łyżka stołowa soli na 2 szklanki wody). Odsączyć i drobno posiekać. Do cukinii dodać jajko i maizenę, doprawić solą oraz pieprzem i mieszać składniki do uzyskania gęstej masy. Na patelni rozgrzać odrobinę oleju i ułożyć na niej pulpeciki. Piec na średnim ogniu, aż ładnie się przyrumienią ze wszystkich stron.

Cykorie po królewsku

Czas przygotowania: 15 minut • Czas pieczenia: 10–15 minut
Porcja dla 4 osób

- 1 kg cykorii
- 2 jajka
- 1 szklanka chudego mleka

- szczypta gałki muszkatołowej
- sól, pieprz
- 1 l wody

Cykorie obrać, odkroić nóżki, umyć i gotować 2 minuty we wrzącej osolonej wodzie. Bardzo dokładnie odsączyć. W misce ubić jajka z chudym mlekiem, doprawić je solą, pieprzem i zmieloną gałką muszkatołową.

Cykorie ułożyć w naczyniu żaroodpornym i zalać je ubitymi jajkami. Wstawić do piekarnika rozgrzanego do 150°C i piec, aż jajka się przyrumienią.

Flan z warzywami

Czas przygotowania: 10 minut • Czas pieczenia: 15 minut
Porcja dla 2 osób

- 4 jajka
- szczypta gałki muszkatołowej
- 0,5 l chudego mleka
- 1 łyżka stołowa posiekanych
  świeżych ziół

- 200 g posiekanych warzyw
  (pomidory, cukinie, brokuły,
  bakłażany, marchewki)
- sól, pieprz

Jajka ubić z przyprawami i dolać przegotowane oraz ostudzone mleko.
Połączyć z warzywami, wlać masę do formy i piec 15 minut w kąpieli
wodnej w piekarniku rozgrzanym do 180°C.

Flan warzywny po prowansalsku

Czas przygotowania: 35 minut • Czas pieczenia: 30 minut
Porcja dla 4 osób

- 0,5 kg cukinii
- 2 czerwone papryki
- 4 pomidory
- 1 cebula
- 4 jajka

- 4 łyżki stołowe chudego mleka
- 1 łyżka stołowa serka
  cancoillotte
- sól, pieprz
- odrobina oliwy

Cukinie umyć i pokroić na kawałeczki, nie obierając ze skórki. Papryki umyć,
usunąć gniazda nasienne i pokroić na kwadraciki. Pomidory sparzyć, obrać,
usunąć nasiona i pokroić miąższ w kostkę. Cebulę obrać i drobno pokroić.
    Rozgrzać piekarnik do 200°C. Wszystkie warzywa podsmażać
20 minut na patelni (na mocnym ogniu) na odrobinie oliwy. Doprawić
do smaku solą i pieprzem.
    Jajka ubić jak na omlet i dodać do nich mleko oraz serek. Doprawić solą
i pieprzem. Dodać do jajek wszystkie warzywa, dobrze wymieszać i wlać

do formy na ciasto z powłoką zapobiegającą przywieraniu. Piec 30 minut w kąpieli wodnej.

Fritata z tuńczyka w cukiniach
Czas przygotowania: 20 minut • Czas smażenia: 10 minut
Porcja dla 4 osób

- 3 cienkie cukinie
- 1 biała cebula
- 6 jajek

- 1 puszka tuńczyka w sosie własnym
- 2 łyżki stołowe octu balsamicznego
- sól, pieprz

Cukinie umyć i pokroić w kostkę. Cebulę obrać i drobno posiekać. Cukinie i cebulę ugotować na parze (lub we wrzątku na średnim ogniu), doprawić solą i pieprzem. W czasie gotowania od czasu do czasu zamieszać warzywa.

Jajka ubić jak na omlet, połączyć z rozdrobnionym tuńczykiem, solą i pieprzem. Dodać cukinie i cebulę. Wlać omlet na patelnię, zamieszać i przykryć. Smażyć 10 minut na małym ogniu, aż jajka się zetną. Ostudzić, pokroić na kawałki i skropić octem balsamicznym.

Twarożek z ogórkiem
Czas przygotowania: 10 minut • Bez gotowania
Porcja dla 2 osób

- pół ząbka czosnku
- pół ogórka
- ćwierć żółtej (lub zielonej) papryki
- 1 czerwona papryka

- 250 g beztłuszczowego twarożku
- pół cytryny
- sól, pieprz

Czosnek obrać i przecisnąć przez praskę. Ogórek umyć, obrać i pokroić w kostkę o boku 1 cm. Papryki umyć, usunąć gniazda nasienne i pokroić na cienkie paseczki. W misce wymieszać twarożek, ogórek, zmiażdżony czosnek i sok z cytryny. Doprawić solą i pieprzem. Przed podaniem udekorować paseczkami papryki.

Zapiekanka z cykorii

Czas przygotowania: 20 minut • Czas pieczenia: 10 minut
Porcja dla 2 osób

- 2 posiekane cebule
- 400 g cykorii
- 3 jajka na twardo

- 400 ml soku pomidorowego
- sól, pieprz
- odrobina oliwy

Cebule zeszklić na lekko naoliwionej patelni. Cykorie obrać, usunąć ogonki i ugotować na parze. Cebule i cykorie ułożyć w żaroodpornym naczyniu. Jajka posiekać i posypać nimi cykorie. Skropić sokiem z pomidorów, doprawionym wcześniej solą i pieprzem. Zapiekać 10 minut w piekarniku rozgrzanym do 220°C.

Jajka lotaryńskie

Czas przygotowania: 10 minut • Czas pieczenia: 40 minut
Porcja dla 2 osób

- 4 jajka
- 0,5 l chudego mleka
- szczypta gałki muszkatołowej

- 6 pomidorów
- kilka listków bazylii
- sól, pieprz

Rozgrzać piekarnik do 180°C. Jajka ubić z mlekiem, doprawić solą, pieprzem i gałką muszkatołową. Wlać do foremek i piec w kąpieli wodnej 40 minut. W czasie gdy jajka się pieką, przygotować przecier z pomidorów przyprawiony bazylią. Wyjąć jajka z foremek i podawać na ciepło, oblane przecierem z pomidorów.

Chlebek cukiniowy
z szynką

Czas przygotowania: 25 minut • Czas pieczenia: 15 minut
Porcja dla 4 osób

- 100 g chudej szynki
- 0,5 kg cukinii
- 4 jajka
- 1 serek petit suisse bez tłuszczu
- 1 łyżka stołowa sera cancoillotte

- szczypta gałki muszkatołowej
- 1 łyżka stołowa maizeny
- 4 łyżki stołowe chudego mleka
- sól, pieprz
- odrobina zimnej wody

Szynkę zmiksować. Cukinie umyć, obrać i pokroić na cienkie krążki, a następnie włożyć je do naczynia przystosowanego do gotowania w mikrofalówce, wlać odrobinę wody i gotować 5 minut na maksymalnej mocy. Ugotowane cukinie odcedzić i zmiksować z jajkami, szynką, serkami, doprawiając szczyptą gałki muszkatołowej, solą i pieprzem. Rozpuścić maizenę w odrobinie zimnej wody, a następnie w ciepłym mleku i dodać do pozostałych składników.

Formę na ciasto wyłożyć papierem do pieczenia, wlać masę do formy i przykryć papierem. Wstawić do mikrofalówki na 15 minut (na średniej mocy). Sprawdzić, czy chlebek się dobrze upiekł, i przed podaniem pozostawić jeszcze 5 minut w kuchence.

Zapiekany mus z bakłażanów

Czas przygotowania: 40 minut • Czas pieczenia: 30 minut
Porcja dla 2 osób

- 400 g bakłażanów
- 3 jajka
- 200 ml chudego mleka
- gałka muszkatołowa

- kilka gałązek tymianku
- kilka gałązek rozmarynu
- sól, pieprz

Bakłażany umyć i obrać, a następnie pokroić na grube plastry i ułożyć w misce. Posolić je i pozostawić na 30 minut. Osuszyć i blanszować 5 minut, następnie osączyć. Rozgrzać piekarnik do 150°C. Jajka ubić jak na omlet, doprawić je solą i pieprzem. Wymieszać z mlekiem. Dodać odrobinę startej gałki muszkatołowej, posypać tymiankiem i rozmarynem. Plastry bakłażana ułożyć w żaroodpornym naczyniu i polać sosem z jajek i mleka. Piec 30 minut.

Wstążki omleta z anchois

Czas przygotowania: 15 minut • Czas smażenia: 10 minut
Porcja dla 2 osób

- 3 pomidory
- 8 anchois (bez soli)
- 1 łyżka stołowa kaparów
- 10 gałązek szczypiorku
- 5 gałązek kolendry
- 5 gałązek natki pietruszki

- 8 jajek
- 2 łyżki stołowe chudego mleka
- 6 suszonych, marynowanych pomidorów
- pieprz

Pomidory umyć i pokroić na ćwiartki. Podsmażać je z anchois i kaparami 5 minut na średnim ogniu na patelni z powłoką zapobiegającą przywieraniu. Świeże zioła umyć i posiekać. Jajka ubić jak na omlet, dodać mleko i zioła, doprawić pieprzem. Z ubitych jajek usmażyć 2 duże, cienkie omlety (około półcentymetrowej grubości), ostudzić i pociąć na paski o szerokości 2 cm.

Ułożyć kawałki omleta na talerzach i polać je gęstym przecierem pomidorowym z anchois. Dodać suszone pomidory. Całość wymieszać.

Suflet pieczarkowy

Czas przygotowania: 15 minut • Czas pieczenia: 10 minut

Porcja dla 1 osoby

- 150 g pieczarek
- 1 całe jajko + 1 białko

- 3 łyżki stołowe beztłuszczowego twarożku
- sól, pieprz

Piekarnik rozgrzać do 180°C. Pieczarki wrzucić na 2 minuty do rondla z wrzącą wodą, a następnie odcedzić je i zmiksować. Tak powstałe purée z pieczarek wymieszać z żółtkiem, twarożkiem i 2 białkami ubitymi na sztywną pianę. Doprawić je solą oraz pieprzem i wlać do małej foremki. Piec około 10 minut.

Suflet ogórkowy z bazylią

Czas przygotowania: 20 minut • Czas pieczenia: 15 minut

Porcja dla 1 osoby

- pół ogórka
- 4 łyżki stołowe twarożku bez tłuszczu
- pół pęczka świeżej bazylii
- 6 białek

- 4 pomidory
- 2 cebule
- sól, pieprz
- odrobina oleju

Ogórek umyć, obrać, zmiksować i wymieszać z twarożkiem. Doprawić solą i pieprzem. Posiekać 8 listków bazylii i dodać je do ogórków z twarożkiem.

Białka ubić na sztywną pianę i połączyć z masą ogórkową. Pomidory sparzyć, obrać i usunąć z nich nasiona. Pokroić miąższ na kawałki. Cebule obrać, posiekać i zeszklić na patelni z powłoką zapobiegającą przywieraniu bez tłuszczu na średnim ogniu. Dodać pomidory i smażyć całość 15 minut na małym ogniu.

Małe foremki delikatnie posmarować olejem. Nałożyć na dno każdej foremki łyżeczkę pomidorów z cebulą, a następnie uzupełnić je masą ogórkową do wysokości dwóch trzecich. Piec 15 minut w piekarniku rozgrzanym do 200°C. Upieczone suflety ozdobić listkami bazylii.

Zielona zupa szczawiowa

Czas przygotowania: 35 minut • Czas gotowania: 10 minut

Porcja dla 4 osób

- 2 jajka
- 1 cebula
- 2 białe części pora
- 5 liści sałaty
- pęczek szczawiu
- 250 g szpinaku

- 2 kostki bulionowe z kurczaka, bez tłuszczu
- 3 gałązki szczypiorku
- szczypta zmielonej trybuli
- sól, pieprz
- 1 l wody
- odrobina oliwy

Jajka ugotować na twardo, obrać. Cebule obrać i posiekać. Por, liście sałaty, szczaw i szpinak opłukać i drobno pokroić. Cebulę i pory przysmażyć na lekko naoliwionej patelni na średnim ogniu. Dodać pozostałe warzywa i smażyć 5 minut na małym ogniu, ciągle mieszając. Przełożyć do garnka, zalać 1 l gorącej wody, doprawić solą oraz pieprzem i dodać kostki bulionowe. Gotować 10 minut na średnim ogniu. Jajka posiekać i dodać do zupy. Całą zupę zmiksować, tak by powstał krem. Posypać posiekanymi świeżymi ziołami.

Tarta warzywna

Czas przygotowania: 15 minut • Czas pieczenia: 40 minut

Porcja dla 2 osób

- 1 mała papryka
- 1 cukinia
- 4 duże pieczarki
- 1 mała cebula

- 3 jajka
- 700 ml chudego mleka
- 1 porcja drożdży
- sól, pieprz

Rozgrzać piekarnik do 230°C. Paprykę, cukinię oraz pieczarki umyć i drobno pokroić. Cebulę obrać i poszatkować. W salaterce wymieszać jajka, mleko i drożdże. Doprawić solą i pieprzem. Dodać wszystkie warzywa. Wlać tak przygotowane ciasto do formy z powłoką zapobiegającą przywieraniu i piec około 40 minut.

Alzacka tarta płonąca

Czas przygotowania: 15 minut • Czas pieczenia: 25–30 minut

Porcja dla 4 osób

- 35 g maizeny
- 2 jajka
- 200 g beztłuszczowego twarożku
- 250 g młodych cebulek

- 200 g mielonej, chudej szynki drobiowej
- 2 pomidory
- 90 g sera cancoillotte
- sól i pieprz

Maizenę zmiksować z żółtkami i twarożkiem. Dodać białka ubite na bardzo sztywną pianę. Wlać masę do tortownicy z powłoką zapobiegającą przywieraniu. Na masie ułożyć drobno posiekane młode cebulki, doprawić je solą i pieprzem, następnie ułożyć na nich szynkę drobiową, pomidory pokrojone na małe kawałki i ser cancoillotte.

Piec 25–30 minut w piekarniku rozgrzanym do 210°C. Podawać na ciepło lub na zimno.

Pomidory faszerowane

Czas przygotowania: 15 minut • Czas pieczenia: 25–30 minut

Porcja dla 4 osób

- 8 pomidorów
- 4 jajka
- 200 g chudej szynki

- świeża bazylia
- sól, pieprz

Rozgrzać piekarnik do 220°C. Pomidory umyć, obciąć koniuszki, wydrążyć, posolić w środku i odwrócić, by wypłynął z nich sok. Jajka ubić, doprawić solą i pieprzem, dodać szynkę pokrojoną na cienkie paseczki i kilka listków świeżej, posiekanej bazylii. Napełnić pomidory tak przygotowanym farszem, włożyć je do żaroodpornego naczynia i piec 25–30 minut.

DANIA Z RYB I OWOCÓW MORZA

Skrzydło płaszczki w szafranie

Czas przygotowania: 20 minut • Czas gotowania: 45 minut

Porcja dla 2 osób

- 2 białe części pora
- 2 marchewki
- 2 łodygi selera naciowego
- 1 cebula
- 1 bouquet garni
- szczypta szafranu

- 1 duże skrzydło
  płaszczki (ok. 400 g)
- 1 łyżka stołowa posiekanej
  natki pietruszki
- sól, pieprz w ziarenkach
- 1 l wody

Wszystkie warzywa umyć i obrać. Pokroić je na kawałki, wrzucić do wrzącej posolonej wody marchewkę, por oraz seler i gotować je 10 minut. Dodać cebulę, bouquet garni, 5 ziarenek pieprzu i szafran. Gotować całość jeszcze 25 minut na małym ogniu. Po tym czasie wyjąć warzywa łyżką cedzakową. Skrzydło płaszczki włożyć na 10 minut do wrzącego bulionu warzywnego. Następnie odsączyć je i podawać z warzywami. Skropić wszystko kilkoma łyżkami bulionu i posypać posiekaną natką pietruszki.

Przekąska dietetyczna

Czas przygotowania: 30 minut • Bez gotowania

Porcja dla 6 osób

- 1 ogórek
- 3 marchewki
- 1 pęczek rzodkiewki
- 1 bulwa kopru włoskiego
- kilka gałązek selera naciowego
- 200 g krewetek
- 200 g surimi

Sos:
- 25 g beztłuszczowego twarożku
- kilka listków bazylii
- kilka gałązek estragonu
- kilka gałązek natki pietruszki
- sól, pieprz

Warzywa umyć, obrać i pokroić w słupki. Usunąć pancerzyki krewetek. Wszystkie składniki sosu dokładnie wymieszać. Warzywa ułożyć na talerzu i podawać z dodatkiem sosu ziołowego.

Szparagi z surimi

Czas przygotowania: 10 minut • Bez gotowania

Porcja dla 2 osób

- 0,5 kg świeżych szparagów ugotowanych w bulionie lub 2 słoiki białych szparagów (580 ml)
- 2 pomidory
- 10 paluszków surimi

- 4 jajka na twardo
- kilka liści sałaty
- sos winegret wg przepisu dr. Ducana (zob. *Nie potrafię schudnąć*, s. 143)

Przygotować sos winegret według przepisu dr. Dukana. Szparagi, pomidory i paluszki surimi pokroić na kawałki i wrzucić do salaterki. Jajka przekroić wzdłuż na połówki lub ćwiartki, dodać do warzyw i surimi. Sałatę umyć i jej najładniejsze liście ułożyć gwiaździście na okrągłym talerzu, a na każdym liściu położyć proporcjonalnie wymieszane szparagi, pomidory, jajka na twardo i surimi. Podawać z sosem winegret.

Potrawka rybna

Czas przygotowania: 20 minut • Czas gotowania: 15 minut
Porcja dla 2 osób

- 250 ml małży
- 0,5 kg ryby bez ości (miętus, ryba św. Piotra) pokrojonej na kawałki
- 75 g pieczarek
- 250 ml wywaru rybnego
- pół cytryny

- 2 łyżki stołowe twarożku bez tłuszczu
- 1 żółtko
- sól, pieprz
- odrobina oliwy

Opłukać małże. Kawałki ryby i drobno pokrojone pieczarki przysmażyć na lekko naoliwionej patelni. Kiedy się przyrumienią, dodać małże i zalać wszystko wywarem rybnym. Dusić 10–15 minut, następnie wyjąć łyżką cedzakową małże, rybę i pieczarki. Usunąć skorupki i odstawić małże oraz rybę i pieczarki w ciepłe miejsce. Odparować pozostały wywar, tak by zredukował się o połowę, i przecedzić. Dodać sok z cytryny i zagęścić sos twarożkiem oraz żółtkiem, podgrzewając na bardzo małym ogniu (nie doprowadzać do wrzenia). Doprawić solą i pieprzem. Polać rybę, małże i grzyby przygotowanym sosem i podawać natychmiast.

Dorsz w szafranie

Czas przygotowania: 15 minut • Czas gotowania: 40 minut
Porcja dla 4 osób

- 0,5 kg pomidorów
- 2 ząbki czosnku przeciśnięte przez praskę
- 100 g pora (białe części)
- 100 g posiekanej cebuli
- 1 koper włoski

- 3 gałązki natki pietruszki
- szczypta szafranu
- 4 kawałki dorsza
- 100 ml wody
- sól, pieprz

Pomidory sparzyć, obrać, pokroić na kawałki i wrzucić do rondla. Dodać czosnek, drobno pokrojony por, cebulę, drobno pokrojony koper włoski, posiekaną natkę pietruszki i szafran. Doprawić wszystko solą i pieprzem. Dusić 30 minut. Dodać rybę i zalać wodą. Zwiększyć ogień. Gdy potrawka się zagotuje, zmniejszyć ogień i dusić jeszcze 10 minut.

Dorsz w cukiniach

Czas przygotowania: 10 minut • Czas gotowania: 20 minut
Porcja dla 2 osób

- 300 g cukinii
- 300 g fileta z dorsza
- 1 ząbek czosnku

- tymianek
- sól, pieprz
- odrobina oliwy

Cukinie umyć, obrać i pokroić na plasterki. W dużym rondlu z powłoką zapobiegającą przywieraniu (lekko nasmarowanym oliwą) ułożyć warstwę cukinii, następnie warstwę ryby. Doprawić solą oraz pieprzem i na wierzchu ułożyć jeszcze jedną warstwę cukinii. Znowu doprawić solą i pieprzem. Dodać czosnek przeciśnięty przez praskę oraz tymianek. Przykryć i dusić 20 minut na bardzo małym ogniu.

Zapiekanka z brokułów i łososia

Czas przygotowania: 15 minut • Czas pieczenia: 35 minut
Porcja dla 3 osób

- 2 jajka
- 2 puszki (każda po 180 g) łososia w sosie własnym
- 300 g świeżych różyczek brokułów

- 250 g serka wiejskiego odtłuszczonego
- 1 mała cebula
- 200 g zielonej papryki
- sól, pieprz

Jajka ubić i wymieszać z odsączonym łososiem, różyczkami brokułów, serkiem, obraną i posiekaną cebulą, umytą i posiekaną zieloną papryką, solą i pieprzem. Nałożyć do żaroodpornego naczynia z powłoką zapobiegającą przywieraniu. Wstawić na mniej więcej 35 minut do piekarnika nagrzanego do 180°C.
Podawać z sałatą lub ulubionymi warzywami.

Zapiekany dorsz
po prowansalsku
Czas przygotowania: 25 minut • Czas pieczenia: 10–15 minut
Porcja dla 2 osób

- 8 plastrów chudej szynki
- 8 pomidorów
- 2 cebule
- 2 ząbki czosnku

- 4 filety z dorsza
- kilka listków bazylii
- sól, pieprz

Rozgrzać piekarnik do 240°C. Przygotować 4 małe żaroodporne naczynia do zapiekania. W każdym z nich ułożyć po plasterku szynki. Pomidory sparzyć, obrać je i usunąć z nich nasiona, pokroić na drobne kawałki, rozłożyć do naczyń i posolić. Cebule i czosnek obrać, posiekać i dodać do pomidorów. Filety z dorsza zawinąć w pozostałe 4 plastry szynki i ułożyć na pomidorach. Doprawić do smaku. Piec 10–15 minut, a po upieczeniu doprawić pieprzem i posypać posiekanymi listkami bazylii.

Morszczuk faszerowany

Czas przygotowania: 15 minut • Czas pieczenia: 30 minut
Porcja dla 4 osób

• 50 g posiekanej cebuli
• 25 g posiekanego selera naciowego
• 1 łyżka stołowa posiekanej
  natki pietruszki
• 250 ml soku pomidorowego

• 100 g mięsa kraba
• 1 jajko
• 800 g morszczuka
  w 8 kawałkach
• sól, pieprz

Rozgrzać piekarnik do 210°C. Cebulę, seler, pietruszkę, część soku pomidorowego, kraba oraz jajko wymieszać i doprawić do smaku solą oraz pieprzem. Połowę kawałków ryby posmarować przygotowanym farszem i przykryć pozostałymi kawałkami. Ułożyć w żaroodpornym naczyniu. Oblać ryby pozostałym sokiem pomidorowym. Piec 30 minut. Podawać na gorąco.

Ogórek nadziewany tuńczykiem

Czas przygotowania: 15 minut • Bez gotowania
Porcja dla 1 osoby

• 1 ogórek
• 1 puszka (120 g) rozdrobnionego
  tuńczyka w sosie własnym

• 4 łyżeczki majonezu według
  przepisu dr. Dukana (zob.
  Nie potrafię schudnąć, s. 143)
• sól, pieprz

Ogórek umyć i obrać. Przekroić go na pół, a każdą jego część jeszcze raz na pół, tym razem wzdłuż. Wydrążyć łyżeczką, zostawiając brzeg na co najmniej 1 cm. W miseczce wymieszać tuńczyka z majonezem, doprawić solą i pieprzem. Nałożyć farsz na ogórek.

Krewetki w pomidorach

Czas przygotowania: 15 minut • Bez gotowania
Porcja dla 2 osób

- 0,5 kg pomidorów
- 600 g ugotowanych krewetek
  (bez pancerzyków)
- 2 jajka na twardo

Sos:
- 2 żółtka jajka (ugotowane na twardo)
- 1 łyżeczka musztardy
- 1 łyżka stołowa soku z cytryny
- 1 beztłuszczowy jogurt
- sól, pieprz

Pomidory umyć i delikatnie wydrążyć. Lekko posolić ich wnętrze i odwrócić je, by wypłynął sok. Krewetki zmiksować z 2 jajkami na twardo. Napełnić pomidory tym farszem.

Przygotować sos – zmieszać 2 żółtka jaj na twardo z łyżeczką musztardy, dodać sok z cytryny, doprawić solą oraz pieprzem i powoli, ciągle mieszając, połączyć z jogurtem. Polać faszerowane pomidory grubą warstwą tego sosu.

Łosoś w porach

Czas przygotowania: 15 minut • Czas smażenia: 30 minut
Porcja dla 2 lub 3 osób

- 0,5 kg pora (białe części)
- 4 łyżki stołowe posiekanych szalotek
- 4 filety z łososia

- 1 łyżka stołowa
  posiekanego koperku
- sól, pieprz

Pory umyć i pokroić w krążki. Szalotki i pory podsmażyć na patelni na bardzo małym ogniu (około 20 minut). Jeśli potrzeba, podlać odrobiną wody. Doprawić solą oraz pieprzem i odstawić.

Łososia doprawionego solą i pieprzem ułożyć na patelni z powłoką zapobiegającą przywieraniu (stroną ze skórą do dna patelni) i smażyć 10 minut na średnim ogniu. Podawać łososia ułożonego na porach, posypanego koperkiem.

Filety z dorsza w cukiniach z ziołami

Czas przygotowania: 20 minut • Czas gotowania: 20 minut
Porcja dla 2 osób

- 4 cukinie
- 4 filety z dorsza
- 3 cytryny
- 4 ząbki czosnku

- kilka gałązek tymianku
- sól, pieprz
- odrobina oliwy

Cukinie umyć, nieobrane pokroić na plasterki. W rondlu z powłoką zapobiegającą przywieraniu delikatnie posmarowanym oliwą ułożyć warstwę cukinii, następnie filety z ryby. Doprawić je solą oraz pieprzem i ułożyć jeszcze jedną warstwę cukinii. Skropić wszystko sokiem z cytryny, dodać przeciśnięty przez praskę ząbek czosnku oraz tymianek. Przykryć i dusić 20 minut na bardzo małym ogniu.

Chińskie fondue

Czas przygotowania: 25 minut • Czas gotowania: 10 minut
Porcja dla 4 osób

- 600 g warzyw (do wyboru: kapusta, marchewki, pieczarki, seler, pomidory)
- 300 ml pikantnego bulionu bez tłuszczu
- 400 g ryby (miętus, dorsz, dorada)

- 100 g kalmarów pokrojonych na kawałki
- 12 scampi (lub innych krewetek)
- 12 małży
- 1 cytryna
- 1 l bulionu
- kilka gałązek trybuli

Warzywa oczyścić i osobno ugotować *al dente* na parze lub w 1 l bulionu. Ostudzić i ułożyć na talerzach. Rybę pokroić na kawałki i ułożyć na półmisku lub na 4 talerzach wraz z kalmarami, scampi oraz małżami

wyjętymi z muszelek i oczyszczonymi. Udekorować plastrami cytryny.
300 ml bulionu doprawić, by był dosyć ostry, i dodać kilka gałązek trybuli.
Postawić na stole na podgrzewaczu.

Zanurzać warzywa, ryby i owoce morza na kilka chwil w bulionie,
jak przy fondue.

Sałata karbowana z łososiem

Czas przygotowania: 10 minut • Bez gotowania
Porcja dla 1 osoby

- 1 środek (serce) sałaty karbowanej
- 60 g wędzonego łososia
- kilka gałązek koperku
- sos winegret wg przepisu dr. Ducana
  (zob. *Nie potrafię schudnąć*, s. 143)

- 1 cytryna
- 1 łyżka stołowa
  kawioru z łososia
- sól, pieprz

Umyć, osuszyć i pokroić serce sałaty. Łososia pokroić na paski. Sałatę,
łososia i koperek wrzucić do salaterki. Skropić sosem winegret wg przepisu
dr. Dukana, doprawionym sokiem z cytryny, solą i pieprzem. Przybrać
kawiorem. Natychmiast podawać.

Zapiekanka z małżami

Czas przygotowania: 30 minut • Czas pieczenia: 7 minut
Porcja dla 4 osób

- 750 g cukinii
- 1 kg małży
- 1 listek laurowy
- 2 łyżeczki maizeny
- 1 łyżeczka śmietany (ok. 4% tłuszczu)

- 8 żółtek
- 8 łyżeczek twarożku bez tłuszczu
- 6 łyżek stołowych sera cancoillotte
- sól, pieprz
- odrobina oliwy

Cukinie umyć, pokroić na plasterki i podsmażyć na lekko naoliwionej patelni na średnim ogniu. Doprawić je solą i pieprzem, wymieszać i poczekać około 10 minut, aż warzywa puszczą sok. Następnie odcedzić. W tym czasie oczyścić małże, wrzucić je do dużego rondla z wodą oraz listkiem laurowym i gotować, aż muszelki się otworzą. Odcedzić, zachowując wywar. Usunąć muszelki i przecedzić wywar. Piekarnik rozgrzać do 240°C. W rondlu rozpuścić maizenę w szklance wywaru z małż, dodać śmietanę, doprawić pieprzem i ubić trzepaczką. Postawić na ogniu i doprowadzić do wrzenia. Kiedy sos zgęstnieje, zdjąć garnek z ognia.

W misce wymieszać żółtka z twarożkiem, dolać sos, ciągle ubijając całość trzepaczką. Cukinie ułożyć w żaroodpornym naczyniu do zapiekania, na nich położyć małże, polać wszystko sosem i serkiem cancoillotte. Wstawić do nagrzanego piekarnika i piec 5 minut, a następnie włączyć grill i piec jeszcze 2 minuty.

Zapiekanka z przegrzebków w szpinaku

Czas przygotowania: 30 minut • Czas pieczenia: 15 minut
Porcja dla 2 osób

- 480 g przegrzebków (obranych)
- 0,5 kg świeżego szpinaku
- 2 żółtka
- 3 łyżki stołowe twarożku bez tłuszczu

- 300 ml wywaru z ryby
- 15 g maizeny
- sól, pieprz

Przegrzebki podsmażyć na patelni na średnim ogniu i odstawić. Szpinak umyć, osączyć i posiekać, dodać do przegrzebków i podsmażać całość kilka minut na bardzo małym ogniu. Odstawić w ciepłe miejsce.

Żółtka wymieszać z twarożkiem w rondelku. Dodać wywar rybny i maizenę. Doprawić solą i pieprzem. Przegrzebki ze szpinakiem ułożyć na 2 żaroodpornych talerzach, zalać je sosem i piec 15 minut w piekarniku nagrzanym do 200°C. Podawać na talerzach, na których potrawa się piekła.

Grillowane warzywa w marynacie św. Jakuba

Czas przygotowania: 10 minut • Czas gotowania / grillowania: 23 minuty

Porcja dla 2 osób

- 1 cytryna
- 2 łyżki stołowe świeżej kolendry
- 16 muszli św. Jakuba
  (przegrzebków)
- 1 bakłażan

- 2 cukinie
- 4 łyżki stołowe
  przecieru pomidorowego
- sól, pieprz

Cytrynę sparzyć. Obrać ją ze skórki i wycisnąć z niej sok. Przygotować marynatę – wymieszać startą skórkę i sok z cytryny, posiekaną kolendrę, doprawić solą i pieprzem. Przegrzebki gotować na parze 3 minuty. Warzywa umyć. Bakłażan pokroić w kostkę, cukinie na plasterki. Gotować je 10 minut na parze. Następnie grillować 10 minut na patelni wyłożonej papierem do pieczenia. Grillowane warzywa zdjąć z patelni i zalać marynatą.

Na 2 talerzach ułożyć przecier pomidorowy, na nich warzywa oraz przegrzebki i marynować 1 godzinę w lodówce.

Masala z okonia

Czas przygotowania: 15 minut • Czas gotowania: 20 minut

Porcja dla 4 osób

- 1 łyżka stołowa garam
  masala w proszku
- 1 beztłuszczowy jogurt
- 400 g okonia bez ości
- 200 g krewetek scampi
- 2 szalotki
- 400 g marchewki
- 200 g kopru włoskiego
- 2 łyżki stołowe bulionu warzywnego

- 8 łyżek stołowych
  beztłuszczowego jogurtu
- 1 łyżeczka maizeny
- 1 łyżeczka zimnej wody
- 75 g rzeżuchy
- 1 plasterek cytryny
- sól, pieprz
- odrobina oliwy

Wymieszać garam masala z jogurtem i ubić jogurt widelcem. Rybę pokroić na kawałki i posolić. Wyjąć scampi z pancerzyków i posolić. Rybę i krewetki zalać jogurtem z garam masala i marynować co najmniej 1 godzinę w lodówce.

Odsączyć rybę i krewetki za pomocą papierowych ręczników. Przysmażyć je na patelni na mocnym ogniu (wystarczy kilka minut), po czym odłożyć na talerz i przykryć.

Posiekane szalotki zeszklić na lekko naoliwionej patelni z powłoką zapobiegającą przywieraniu, stale mieszając. Umyte i obrane marchewki oraz koper włoski bardzo drobno posiekać. Podsmażać kilka minut, następnie zalać bulionem warzywnym i dusić pod przykryciem, aż warzywa będą miękkie.

Maizenę rozpuścić w jogurcie i 1 łyżeczce zimnej wody, dolać do warzyw i doprowadzić do wrzenia. Na koniec dodać jeszcze ciepłe kawałki ryby, scampi, rzeżuchę, cytrynę, doprawić solą i pieprzem.

Mus brokułowy z surimi

Czas przygotowania: 15 minut • Czas gotowania: 10 minut

Porcja dla 6 osób

- 6 listków żelatyny
- 1 kg purée z brokułów (mrożonych)
- 12 łyżeczek twarożku bez tłuszczu
- 280 g posiekanych paluszków surimi

- 1 słoiczek przecieru pomidorowego
- 1 łyżeczka bazylii (mrożonej)
- pół łyżeczki czosnku (mrożonego)
- sól, pieprz
- 1 szklanka wody

Listki żelatyny włożyć do zimnej wody, by je rozmiękczyć. Purée z brokułów gotować 10 minut w mikrofalówce. Następnie dodać do niego twarożek, odrobinę zimnej wody i surimi. Doprawić solą i pieprzem. Rozłożyć masę do foremek wyłożonych papierem do pieczenia (by ułatwić wyjmowanie gotowego musu). Wstawić mus do lodówki na co najmniej 4 godziny, żeby dobrze stężał.

Przygotować purée z pomidorów, mieszając przecier pomidorowy
z bazylią, czosnkiem, solą i pieprzem. Odstawić.
Mus wyjąć z foremek na talerze i dodać purée z pomidorów. Podawać
natychmiast.

Mus z wędzonego łososia
Czas przygotowania: 15 minut • Bez gotowania
Porcja dla 2 osób

- 120 g wędzonego łososia
- 260 g beztłuszczowego twarożku
- 1 listek żelatyny
- 1 łyżeczka koncentratu
  pomidorowego
- 1 cytryna

- 1 łyżeczka ostrej mielonej
  papryki
- 2 białka ubite na pianę
- 4 łodygi selera naciowego
  lub cukinia
- 1 łyżka gorącej wody

Dokładnie zmiksować wędzonego łososia z twarożkiem, a następnie dodać
żelatynę rozpuszczoną w 1 łyżce gorącej wody. Wymieszać koncentrat
pomidorowy z sokiem z cytryny oraz papryką, a następnie połączyć
z łososiem i twarożkiem. Całość ubić trzepaczką. Dodać delikatnie pianę
z białek. Wlać mus do foremek i wstawić do lodówki na 2–3 godziny.
Podawać z selerem naciowym lub cukinią.

Łosoś z warzywami w papilotach
Czas przygotowania: 20 minut • Czas pieczenia: 20 minut
Porcja dla 4 osób

- 1 mała cukinia
- 2 pomidory
- 100 g pieczarek
- 4 dzwonka łososia

- 1 cytryna
- 2 łyżeczki różowego
  pieprzu w ziarenkach
- sól, pieprz

Rozgrzać piekarnik do 210°C. Cukinię umyć i pokroić na cienkie plasterki (nie obierać ze skórki). Pomidory obrać i pokroić na ćwiartki. Dokładnie usunąć nasiona. Pieczarki umyć i pokroić na cienkie plasterki. Dzwonka łososia ułożyć na 4 kawałkach papieru do pieczenia. Dookoła każdego kawałka ryby ułożyć warzywa i ćwiartkę cytryny. Doprawić solą i pieprzem, posypać ziarenkami różowego pieprzu. Zawinąć papiloty i ułożyć je w żaroodpornym naczyniu. Piec rybę 20 minut, podawać natychmiast po wyjęciu z pieca.

Łosoś w mięcie

Czas przygotowania: 20 minut • Czas gotowania: 30 minut
Porcja dla 2 osób

- 0,5 kg filetów ze świeżego łososia
- 2-3 łyżki stołowe świeżej mięty
- 1 duża cukinia
- 1 plaster wędzonego łososia
- 2 listki żelatyny

- 1 łyżka stołowa beztłuszczowego twarożku
- sól, pieprz
- odrobina oleju
- pół szklanki wody

Filety z łososia ugotować na parze w folii aluminiowej lub upiec w piekarniku (zawinięte w papiloty, 30 minut). Ostudzić. Świeżą miętę umyć i posiekać. Cukinię umyć, ale nie obierać, i pokroić wzdłuż na cienkie plastry. Na odrobinie oleju i dosyć mocnym ogniu szybko przyrumienić plastry cukinii na patelni z powłoką zapobiegającą przywieraniu. Ostudzić.

Ugotowanego łososia rozdrobnić, a wędzonego łososia posiekać.

Wcześniej namoczone w zimnej wodzie i wyciśnięte listki żelatyny włożyć do rondla. Połączyć żelatynę z łososiem, twarożkiem i miętą. Całość wymieszać i doprawić solą oraz pieprzem.

Cztery foremki wyłożyć plastrami cukinii i wlać do nich masę z łososia. Włożyć do lodówki na 12 godzin i wyjąć 30 minut przed podaniem.

Surimi i krewetki
w pieczarkach

Czas przygotowania: 25 minut • Czas gotowania: 7–8 minut
Porcja dla 4 osób

- 2 ząbki czosnku
- 1 pęczek natki pietruszki
- 0,5 kg pieczarek

- 0,5 kg paluszków surimi
- 0,5 kg dużych krewetek
- sól i pieprz

Obrany czosnek i umytą pietruszkę posiekać i odstawić. Pieczarki umyć, osuszyć, drobno je pokroić i odstawić. Paluszki surimi pokroić na kawałki. Pokroić krewetki na kawałki po usunięciu pancerzyków i na patelni z powłoką zapobiegającą przywieraniu podsmażyć je z czosnkiem na średnim ogniu. Dodać grzyby i dusić około 1 minuty, a następnie dorzucić kawałki surimi. Doprawić danie do smaku, posypać natką pietruszki i podawać.

Ryba zapiekana

Czas przygotowania: 15 minut • Czas pieczenia: 30 minut
Porcja dla 2 osób

- 0,5 kg fileta z białej ryby
  (dorsza, dorady, czarniaka)
- 4 białka
- 4 łyżki stołowe
  beztłuszczowego twarożku

- 1 słoik szparagów
- 125 g krewetek
- kilka gałązek pietruszki
- sól, pieprz

Filety wymieszać z twarożkiem i białkami. Włożyć ryby do żaroodpornego naczynia razem z krewetkami, szparagami i pietruszką. Piec 30 minut w temperaturze 180°C.

Ryba w papilotach

Czas przygotowania: 20 minut • Czas pieczenia: 10 minut
Porcja dla 4 osób

- 2 cebule
- 2 pomidory (bez skórki)
- 2 marchewki
- 1 zielona papryka

- 2 łodygi selera naciowego
- 2 gałązki natki pietruszki
- 4 kawałki chudej ryby
- sól, pieprz

Rozgrzać piekarnik do 250°C. Cebule, natkę i seler posiekać, pomidory, marchewki i paprykę drobno pokroić. Wymieszać warzywa i doprawić solą oraz pieprzem.

Rybę umyć i osuszyć. Ułożyć kawałki ryby i warzywa na folii aluminiowej. Dokładnie zamknąć papiloty i piec 10 minut.

Tarta tuńczykowo-pomidorowa

Czas przygotowania: 15 minut • Czas pieczenia: 20–25 minut
Porcja dla 3 osób

- 2 całe jajka
- 2 małe pomidory (obrane ze skórki)
- 1 puszka tuńczyka w sosie własnym

- 2 łyżki stołowe beztłuszczowego twarożku
- 1/4 łyżeczki ziół prowansalskich
- sól, pieprz
- odrobina oliwy

Dwa jajka ubić i usmażyć z nich omlet na lekko naoliwionej patelni. Pomidory pokroić na bardzo cienkie paseczki, tuńczyka rozdrobnić, dodać twarożek i zioła. Wymieszać wszystkie składniki, doprawić solą i pieprzem i włożyć do żaroodpornego naczynia. Piec 20–25 minut w temperaturze 180°C.

Potrawka z małży i porów

Czas przygotowania: 30 minut • Czas gotowania: 30 minut

Porcja dla 4 osób

- 1 kg małży
- 1 kg porów
- szczypta gałki muszkatołowej
- 150 ml sosu beszamel według przepisu dr. Dukana
- 1 pęczek pietruszki

- 1 pęczek trybuli
- 1 gałązka estragonu
- pół dojrzałej cytryny
- sól, pieprz
- 1 l wody

Oczyścić małże i otworzyć je, gotując w rondlu z wodą (często mieszając). Wyjąć małże z muszelek. Odlać wywar powstały podczas gotowania małży, przecedzić i odstawić. Obrać pory i odciąć ich zielone części. Umyć kawałki porów i pokroić na krążki. Gotować je 5 minut pod przykryciem w wywarze z małży, następnie zdjąć pokrywkę i gotować jeszcze 20 minut z solą, pieprzem i startą gałką muszkatołową. Przygotować beszamel. Posiekać pietruszkę, trybulę oraz estragon i dodać do sosu. Do porów dodać małże, skropić je sokiem z cytryny. Kiedy pory będą ugotowane, dodać beszamel i delikatnie wymieszać. Podawać gorące.

Ryba zapiekana z przecierem pomidorowym

Czas przygotowania: 25 minut • Czas pieczenia / gotowania: 20–25 minut

Porcja dla 2 osób

- 400 g filetów z soli
- 1 pęczek trybuli
- 1 jajko
- 2 czubate łyżki beztłuszczowego twarożku
- 800 g pomidorów

- szczypta tymianku
- kilka listków laurowych
- 1 ząbek czosnku
- 1 szalotka
- sól, pieprz
- odrobina oliwy

Filety z soli rozdrobnić lub zmiksować, doprawić je solą i pieprzem. Dodać posiekaną trybulę, jajko ubite jak na omlet i 2 łyżki stołowe twarożku. Wlać do 2 lekko naoliwionych foremek i piec 20–25 minut w średnio nagrzanym piekarniku. Przed wyjęciem z foremek odczekać kilka minut.
Gdy ryba się piecze, przygotować przecier: 800 g pomidorów (sparzonych i obranych) zmiksować z tymiankiem, listkami laurowymi, przeciśniętym przez praskę czosnkiem oraz posiekaną szalotką; gotować dobry kwadrans. Podawać rybę polaną przygotowanym przecierem.

Dorsz pieczony z cukinią w sosie pomidorowym

Czas przygotowania: 20 minut • Czas pieczenia: 30 minut

Porcja dla 4 osób

- 400 g cukinii
- 300 g pomidorów
- 1 łyżka stołowa wody
- 2 gałązki tymianku

- 4 ząbki czosnku
- 1 kawałek dorsza (700 g)
- sól, pieprz

Rozgrzać piekarnik do 210°C. Cukinie umyć, odciąć im końcówki i pokroić na plasterki o grubości 3 mm. Pomidory sparzyć, obrać ze skórki, usunąć z nich nasiona i posiekać. Do prostokątnego naczynia wlać wodę i włożyć warzywa. Posypać je posiekanym tymiankiem, doprawić solą oraz pieprzem i wymieszać.

Ząbki czosnku obrać i pokroić każdy na 3 plasterki. Rybę opłukać, osuszyć, z każdej jej strony zrobić 6 nacięć i umieścić w nich kawałki czosnku. Doprawić ją solą i pieprzem. Położyć rybę na środku naczynia, odsuwając warzywa na boki. Wstawić do piekarnika i piec 30 minut. W czasie pieczenia często mieszać warzywa.

Po upieczeniu ryby zdjąć z niej skórę. Rybę nałożyć na talerze razem z warzywami i skropić wywarem, który wydzielił się w czasie pieczenia.

Roladki z ogórka z krewetkami

Czas przygotowania: 20 minut • Bez gotowania

Porcja dla 2 osób

- 2 jajka na twardo
- 100 g gotowanych krewetek bez pancerzyków
- 100 g beztłuszczowego twarożku
- kilka kropli sosu tabasco

- pół ogórka
- 4 łyżki stołowe posiekanego szczypiorku
- sól, pieprz

Jajka na twardo rozgnieść widelcem, wymieszać z krewetkami, twarożkiem i sosem tabasco. Doprawić całość solą oraz pieprzem i tak przygotowany farsz odstawić.

Ogórek obrać i pokroić wzdłuż na cienkie plasterki. Posmarować je farszem z krewetek, posypać szczypiorkiem. Zwinąć plasterki ogórka, ułożyć na talerzu i podawać na zimno.

Roladki z łososia

Czas przygotowania: 20 minut • Czas pieczenia: 20 minut

Porcja dla 8 osób

- 2 puszki serc palmy
- 8 plastrów wędzonego łososia
- 2 serki topione bez tłuszczu
- 125 g beztłuszczowego twarożku

- 1/4 łyżeczki ziół prowansalskich
- 1 kropla octu malinowego
- sól, pieprz

Serca palmy wyjąć z zalewy, delikatnie odsączyć i zawinąć w plastry wędzonego łososia. Serki topione wymieszać z twarożkiem, ziołami, octem, solą i pieprzem. Do żaroodpornego naczynia wlać połowę masy serowej, po czym ułożyć na niej roladki z łososia i oblać je resztą masy. Piec 20 minut w piekarniku nagrzanym do 150°C.

Sałatka z krewetek

Czas przygotowania: 15 minut • Czas gotowania: 5 minut
Porcja dla 2 osób

- 600 g sałaty
- 4 łyżeczki oleju parafinowego
- 4 łyżeczki octu winnego

- kilka gałązek estragonu
- 200 g różowych krewetek
- 4 jajka

Sałatę dobrze umyć i osuszyć. Przygotować sos winegret (z oleju parafinowego i octu winnego). Wymieszać sałatę z listkami estragonu oraz krewetkami wyjętymi z pancerzyków i zalać wszystko sosem. Jajka ugotować na półtwardo (około 5–6 minut od chwili zagotowania), delikatnie je obrać i jeszcze gorące położyć na sałacie.

Sałatka ze szpinaku
z wędzoną rybą

Czas przygotowania: 5 minut • Czas smażenia: 2–3 minuty
Porcja dla 4 osób

- 700 g liści szpinaku
- 300 g wędzonej ryby (łosoś, halibut, pstrąg, węgorz)
- musztarda

- ocet winny
- olej parafinowy
- sól, pieprz

Na 4 talerzach ułożyć umyte i osuszone liście szpinaku. Rybę pokrojoną na kawałki podsmażyć na patelni (wystarczą 2–3 minuty), a następnie ułożyć je na szpinaku. Całość skropić sosem winegret przygotowanym z musztardy, octu winnego i oleju parafinowego. Doprawić solą i pieprzem.

Sałatka z fasolki szparagowej z płaszczką

Czas przygotowania: 25 minut • Czas gotowania: 8 minut

Porcja dla 2 osób

- 1 kostka bulionowa
- 2 skrzydła płaszczki
- 100 g fasolki szparagowej
- olej parafinowy naturalny
  i orzechowy

- 1 łyżka stołowa octu malinowego
- 1 ząbek czosnku
- 1 szalotka
- sól, pieprz
- 1 szklanka wody

Przygotować bulion z kostki rozpuszczonej w 1 szklance wody, doprowadzić go do wrzenia i włożyć do niego płaszczkę na 8 minut. W tym samym czasie ugotować na parze fasolkę. Przygotować winegret z oleju parafinowego, octu malinowego i odrobiny oleju orzechowego. Dodać szczyptę pieprzu, czosnek oraz szalotkę i posolić.

Fasolkę włożyć do salaterki i zalać dwiema trzecimi sosu winegret. Wymieszać, a następnie rozłożyć na 2 talerze. Na fasolce ułożyć rybę bez skóry. Skropić pozostałym sosem i natychmiast podawać.

Łosoś w porach z koprem włoskim

Czas przygotowania: 15 minut • Czas gotowania: 15 minut

Porcja dla 4 osób

- 4 pory
- 2 bulwy kopru włoskiego
- 4 cebule
- 4 goździki
- 1 bouquet garni

- 4 kawałki łososia
- 1 jajko
- sól
- 2 l wody

Koper i pory umyć i obrać. Pory ponacinać wzdłuż, bulwy kopru pokroić na ćwiartki. Cebule obrać i w każdą wbić po jednym goździku. W dużym garnku doprowadzić do wrzenia sporą ilość osolonej wody, zanurzyć w niej pory, bulwy kopru, cebule i bouquet garni. Gotować na małym ogniu 10 minut. Dodać łososia i gotować jeszcze 5 minut.

W tym czasie ugotować jajko na twardo i rozgnieść je dokładnie widelcem. Pod koniec gotowania odsączyć rybę i warzywa, ułożyć je na talerzu i posypać rozdrobnionym jajkiem.

Łosoś smakosza

Czas przygotowania: 20 minut • Bez gotowania
Porcja dla 2 osób

- 1 mały pęczek koperku
- pół bulwy kopru włoskiego
- pół cytryny
- 2 beztłuszczowe jogurty

- 4 plastry wędzonego łososia
- 4 liście sałaty
- sól, pieprz

Koperek umyć i posiekać. Koper włoski umyć i pokroić w drobną kostkę. W małej salaterce przygotować sos – wymieszać sok z cytryny, sól, pieprz i jogurty. Dodać pokrojoną bulwę kopru i posiekany koperek.

Liście sałaty umyć i rozłożyć na talerzach. Na nich położyć łososia pokrojonego na paseczki, a następnie zalać całość sosem jogurtowym.

Łosoś na kołderce z pomidorków koktajlowych z salsa verde

Czas przygotowania: 15 minut • Czas pieczenia: 45 minut
Porcja dla 2 osób

- 2 filety z łososia
- 300 g pomidorków koktajlowych

- 1/4 łyżeczki mieszanki przypraw do ryb
- 1 słoiczek sosu salsa verde

Na dwóch kawałkach folii aluminiowej ułożyć filety z łososia i pomidorki koktajlowe przekrojone na pół. Posypać przyprawą do ryb i polać sosem salsa verde. Wstawić do piekarnika rozgrzanego do 200°C i piec około 45 minut. Nie trzeba solić, ponieważ sos salsa verde jest słony.

Krewetki scampi po meksykańsku

Czas przygotowania: 10 minut • Czas gotowania: 2–3 minuty
Porcja dla 3–4 osób

- 4 pomidory
- 1 zielona papryka
- 2 łyżki stołowe posiekanej kolendry
- 1 limonka

- 1 ząbek czosnku
- 32 krewetki scampi
- sól

Pomidory sparzyć, obrać, usunąć nasiona i pokroić w kostkę. Usunąć gniazda nasienne z papryki i pokroić ją na kawałki. Wymieszać paprykę i pomidory. Dodać posiekaną kolendrę, sok wyciśnięty z limonki, czosnek przeciśnięty przez praskę i sól. Krewetki gotować na parze 2–3 minuty. Wymieszać je z sosem.

Surowa sola z przecierem pomidorowym

Czas przygotowania: 10 minut • Bez gotowania
Porcja dla 2 osób

- 4 filety z soli
- 4 dojrzałe pomidory
- 1 cytryna
- 1 gałązka mięty

- szczypta zmielonej trybuli
- 1 gałązka natki pietruszki
- sól, pieprz

Zrobić przecier – pomidory sparzyć, obrać, usunąć nasiona i drobno pokroić, a następnie doprawić solą oraz pieprzem i dodać sok z cytryny. Dokładnie wymieszać. Nałożyć na talerze. Zioła drobno posiekać i posypać nimi rybę pokrojoną na cienkie paski i ułożoną na przecierze pomidorowym. Wstawić na 1 godzinę do lodówki.

Chłodnik ogórkowy z krewetkami

Czas przygotowania: 30 minut • Bez gotowania
Porcja dla 4 osób

- 2 małe ogórki
- 1 cebula
- 1 ząbek czosnku
- sok wyciśnięty z 2 cytryn
- 2 łyżki stołowe anyżku
- 4 gałązki kolendry

- 8 dużych krewetek (bez pancerzyków, ugotowanych)
- kilka kropli sosu tabasco
- ćwierć czerwonej papryki
- pół czerwonej cebuli
- sól, pieprz
- 400–500 ml wody źródlanej

Ogórki umyć, obrać, usunąć nasiona i pokroić na kawałki. Następnie zmiksować je dokładnie z białą cebulą, ząbkiem czosnku, sokiem z 1 cytryny, anyżkiem, solą i pieprzem. Rozcieńczyć to purée, dolewając 400–500 ml wody źródlanej. Dodać połowę umytej i posiekanej kolendry. Wstawić na 45 minut do lodówki.

Pół godziny przed podaniem potrawy rozłamać krewetki wzdłuż i ułożyć na talerzu, skropić sokiem z cytryny oraz kilkoma kroplami sosu tabasco, przykryć i wstawić do lodówki na 30 minut.

Czerwoną cebulę obrać i drobno posiekać, paprykę umyć, usunąć gniazda nasienne i pokroić na cienkie paseczki. Chłodnik doprawić, jeśli trzeba, i rozlać do miseczek. Posypać kawałkami papryki i cebuli, dodać krewetki i posiekaną kolendrę. Podawać natychmiast.

Zupa krewetkowa
z ogórkiem i kolendrą
Czas przygotowania: 15 minut • Czas gotowania: 12 minut
Porcja dla 4 osób

- 12 dużych krewetek
- 1 ogórek
- 2 cebule
- 3 gałązki natki pietruszki
- 2 gałązki kolendry

- 2 drobiowe kostki
  bulionowe bez tłuszczu
- 1 mała ostra papryczka
- 1,5 l wody

Krewetki wyjąć z pancerzyków, ale zostawić ostatni staw i ogon. Ogórek i cebule obrać i drobno pokroić, natkę pietruszki i kolendrę posiekać. Zagotować w rondlu 1,5 l wody i rozpuścić w niej kostki bulionowe. Dodać ogórek, cebule i krewetki. Od momentu gdy bulion znów się zagotuje, gotować go jeszcze 2 minuty. Posypać posiekanymi świeżymi ziołami oraz malutkimi kawałkami ostrej papryczki i podawać na gorąco.

Terrine z ogórkiem
i wędzonym łososiem
Czas przygotowania: 75 minut • Bez gotowania
Porcja dla 2 osób

- 1 ogórek
- 200 g wędzonego łososia
- pół pęczka szczypiorku

- 200 g beztłuszczowego
  twarożku
- sól, pieprz

Ogórek obrać i przekroić wzdłuż na pół. Usunąć nasiona, pokroić na drobną kostkę i posolić. Przykryć folią aluminiową i wstawić na 30 minut do lodówki. Wędzonego łososia rozdrobnić. Szczypiorek posiekać i wymieszać z łososiem, doprawić pieprzem. (Nie solić, bo wędzony łosoś jest już słony).

Ogórek opłukać z soli (kilka razy), odsączyć w ściereczce i dodać do mieszanki łososia i szczypiorku. Serek ubić i połączyć z pozostałymi składnikami. Doprawić do smaku i wstawić do lodówki na co najmniej 30 minut.

Rybne terrine ze szczypiorkiem

Czas przygotowania: 40 minut • Czas pieczenia: 45 minut
Porcja dla 3 osób

- 200 g marchewki
- 400 g filetów z dorady lub merlana
- 4 białka
- 2 łyżki stołowe beztłuszczowego twarożku
- 300 g świeżego łososia
- 300 g szpinaku (ugotowanego, dobrze odsączonego)

Sos:
- 500 ml beztłuszczowego twarożku lub 1 beztłuszczowy jogurt
- sok z 1 cytryny
- kilka gałązek szczypiorku (lub estragonu)
- sól, pieprz

Potrawę należy przygotować dzień przed podaniem.

Marchewki gotować 10 minut na parze, a następnie zmiksować. Zmiksować doradę i połączyć ją z białkami, twarożkiem, doprawić solą i pieprzem. Podzielić uzyskaną masę na trzy części. Do pierwszej części dodać zmiksowane marchewki, a do drugiej ugotowany i zmiksowany szpinak. Do ostatniej niczego nie dodawać.

Formę do pieczenia wyłożyć folią aluminiową i układać w niej warstwami kolejne części masy rozdzielone łososiem pokrojonym na cienkie paski.

Wstawić do piekarnika rozgrzanego do 180°C i piec 45 minut.

Przygotować sos z jogurtu, soku z cytryny i ziół.

Terrine na zimno

Czas przygotowania: 40 minut • Czas pieczenia: 45 minut

Porcja dla 6 osób

- 600 g bulwy kopru włoskiego
- 450 g fileta z łososia bez skóry
- 150 g beztłuszczowego twarożku
- 2 białka

- 1 łyżka stołowa posiekanego koperku
- szczypta curry
- sól, pieprz

Koper włoski obrać i pokroić w kostkę. Gotować 10 minut na parze. 300 g łososia pokroić w grubą kostkę, a resztę pokroić na cienkie paseczki. Kiedy koper będzie miękki, odsączyć go i zmiksować, tak by uzyskać jednolitą masę. Odłożyć 3 łyżki stołowe tego purée. Do reszty purée z kopru dodać twarożek, sól, pieprz, szczyptę curry i 1 białko. Wszystkie składniki dokładnie wymieszać.

Kostki łososia zmiksować z 3 łyżkami purée z kopru, dodać pozostałe białko i doprawić.

Rozgrzać piekarnik do 180°C. Formę o pojemności 1 l wyłożyć papierem do pieczenia. Wlać do niej połowę purée z łososia i posypać połową posiekanego koperku. Następnie wlać jedną trzecią purée z kopru włoskiego i przełożyć połową paseczków łososia. Znów wlać część purée z kopru, ułożyć paseczki łososia i resztę purée z kopru. Posypać pozostałym koperkiem i na koniec wlać ostatnią warstwę purée z łososia. Przykryć i piec w kąpieli wodnej 45 minut.

Terrine minutka

Czas przygotowania: 15 minut • Czas pieczenia: 30 minut

Porcja dla 8 osób

- 560 g białej ryby
- 1 kostka bulionowa
- 450 g mrożonego szpinaku

- 2 jajka
- sól, pieprz
- 1 szklanka wody

Rozpuścić kostkę bulionową w 1 szklance wody i w tym bulionie gotować rybę 10 minut, najpierw na mocnym, potem na średnim ogniu. Rozmrozić szpinak i zmiksować go z wyjętą z zupy i odsączoną rybą. Doprawić solą i pieprzem. Oddzielić żółtka od białek i ubić białka na sztywną pianę. Żółtka zmiksować z masą rybno-szpinakową, a następnie delikatnie połączyć z nią białka. Wlać masę do formy na ciasto i piec 30 minut w kąpieli wodnej w piekarniku rozgrzanym do 210°C. Podawać na ciepło lub na zimno.

Tuńczyk
w trzech paprykach

Czas przygotowania: 20 minut • Czas gotowania: 25 minut

Porcja dla 2 osób

- 1 czerwona papryka
- 1 zielona papryka
- 1 żółta papryka
- 1 płat tuńczyka (700 g)

- 1 lub 2 cytryny
- 2 ząbki czosnku
- sól, biały pieprz
- odrobina oliwy

Papryki umyć, przekroić na pół i usunąć gniazda nasienne. Wstawić je na 5 minut do piekarnika z włączoną funkcją grillowania, a następnie włożyć na 10 minut do foliowych woreczków. Potarcie woreczkiem o paprykę powoduje, że bez problemu schodzi z niej skórka. Pokroić papryki na cienkie paski i podsmażać kilka minut na średnim ogniu na lekko naoliwionej patelni.

Tuńczyka doprawić solą oraz pieprzem i gotować 20 minut na parze. Sok z cytryny wymieszać z czosnkiem i dolać do papryki. Kiedy tuńczyk będzie ugotowany, ostudzić go, dodać do papryki i marynować 2–3 godziny w lodówce, często odwracając. Podawać na zimno.

Tymbala łososiowa

Czas przygotowania: 20 minut • Czas gotowania: 10 minut

Porcja dla 2 osób

- 4 małe płaty łososia
- 2 kostki bulionu rybnego
- 8 listków żelatyny
- 4 gałązki koperku

- 50 g kawioru z łososia
- 1 plaster wędzonego łososia
- 250 ml wody

Do zamrażarki wstawić 4 duże pucharki. Płaty łososia gotować na parze 5 minut.

Doprowadzić do wrzenia 250 ml wody, rozpuścić w niej kostkę bulionową i odparowywać 5 minut na mocnym ogniu. Zdjąć rosół z ognia i dodać do niego część żelatyny namoczonej wcześniej w zimnej wodzie.

Na dno każdego pucharka wlać trochę ostudzonego bulionu, dodać gałązkę koperku, kawior, kawałki ugotowanego i paseczki wędzonego łososia. Zalać resztą żelatyny i wstawić do lodówki na 2 godziny.

Wyjąć galaretkę z pucharków, udekorować ją kawiorem i podawać z sałatą w sosie ziołowym.

Pomidory z tuńczykiem i kaparami

Czas przygotowania: 20 minut • Bez gotowania

Porcja dla 3 osób

- 8 pomidorów
- 1 puszka tuńczyka
- 100 g beztłuszczowego twarożku
- 2 łyżki stołowe odsączonych kaparów

- 2 łyżki stołowe posiekanego szczypiorku
- 1 łyżka stołowa soku z cytryny
- 2 łyżki stołowe kawioru
- pół łyżeczki ostrej papryki
- sól, pieprz

Pomidory sparzyć i obrać ze skórki. Obciąć ich końcówki i odłożyć powstałe „kapelusze". Wydrążyć pomidory, posolić w środku i odwrócić, aby wypłynął z nich sok.

Rozdrobnionego tuńczyka wymieszać z twarożkiem, kaparami, szczypiorkiem i sokiem z cytryny. Doprawić pieprzem i napełnić tym farszem pomidory. Udekorować je kawiorem i posypać papryką. Przykryć „kapeluszami".

DANIA Z WARZYW

Szparagi w sosie muślinowym

Czas przygotowania: 20 minut • Czas gotowania: 15 minut

Porcja dla 2 osób

- 600 g szparagów
- 1 warzywna kostka bulionowa
- 20 g maizeny
- 300 ml chudego mleka

- 2 jajka
- 2 cytryny
- sól, pieprz
- 1 l wody

Szparagi obrać i gotować 10–15 minut we wrzącej wodzie z kostką bulionową, aż będą miękkie. Odsączyć po ugotowaniu.

Przygotować sos muślinowy – rozpuścić maizenę w zimnym mleku, następnie podgrzewać w rondelku na małym ogniu, ciągle mieszając, aż do uzyskania gęstego sosu. Dodać żółtka i podgrzewać wszystko jeszcze 2 minuty. Doprawić solą i pieprzem. Wycisnąć sok z cytryn i dolać go do sosu. Białka ubić na sztywną pianę i delikatnie połączyć z sosem tuż przed podaniem.

Bakłażany po indyjsku

Czas przygotowania: 20 minut • Czas pieczenia: 10 minut

Porcja dla 2 osób

- 50 g pomidorów
- 1 łyżka stołowa
  ziół prowansalskich
- szczypta curry
- szczypta ostrej papryki

- szczypta kolendry
- 200 g bakłażanów
- 50 g czerwonej papryki
- sól, pieprz

Pomidory pokroić w drobną kostkę i podsmażyć na małym ogniu na patelni z powłoką zapobiegającą przywieraniu. Doprawić solą i pieprzem. Dodać świeże zioła i przyprawy. Bakłażany pokroić na cienkie plastry, drobno pokroić paprykę. Blanszować bakłażany i paprykę kilka minut, a następnie ostudzić.

W żaroodpornym naczyniu ułożyć warstwę bakłażanów i warstwę papryki. Oblać całość gęstym przecierem pomidorowym. Wstawić do piekarnika nagrzanego do 210°C i piec 10 minut.

Bakłażany z czosnkiem i pietruszką

Czas przygotowania: 15 minut • Czas pieczenia: 30–35 minut

Porcja dla 2 osób

- 200 do 250 g bakłażanów
- 1 ząbek czosnku

- 2 gałązki pietruszki
- sól, pieprz

Bakłażany umyć, usunąć końcówki, osuszyć, przekroić na pół wzdłuż i wydrążyć. Miąższ z bakłażanów, czosnek i pietruszkę posiekać, doprawić solą i pieprzem. Nałożyć farsz do wydrążonych bakłażanów. Każdą połówkę bakłażana zawinąć w folię aluminiową i piec 30–35 minut w piekarniku nagrzanym do 170°C.

Bakłażany z kolendrą

Czas przygotowania: 30 minut • Czas gotowania: 45 minut

Porcja dla 6 osób

- 5 dużych bakłażanów
- 5 pomidorów
- 4 łyżki stołowe
  posiekanej cebuli

- 1 łyżeczka zmielonej
  czerwonej papryki
- 2,5 łyżeczki posiekanej kolendry
- sól, pieprz

Trzy bakłażany zawinąć w folię aluminiową i piec 30 minut w piekarniku nagrzanym do 200°C. Pozostałe dwa bakłażany, przekrojone wzdłuż na pół, gotować 10 minut na mocnym ogniu w rondlu osolonej wody.

Upieczone bakłażany obrać i posiekać. Pomidory pokroić na plasterki. Posiekane bakłażany wrzucić na patelnię razem z pomidorami, posiekaną cebulą, papryką w proszku i dokładnie wymieszać. Doprawić solą i pieprzem. Dusić na mocnym ogniu, od czasu do czasu mieszając.

Dwa bakłażany przekrojone na pół wydrążyć, zostawiając brzeg grubości 1 cm. Napełnić je farszem, posypać posiekaną kolendrą. Podawać na ciepło lub na zimno.

Bakłażany po prowansalsku

Czas przygotowania: 15 minut • Czas gotowania: 30 minut

Porcja dla 1 osoby

- 1 bakłażan
- 1 pomidor
- 1 średnia cebula
- 1 ząbek czosnku
- 2 gałązki tymianku

- 1 łyżka stołowa
  posiekanej bazylii
- sól, pieprz
- odrobina wody

Bakłażan i pomidor umyć i pokroić w kostkę. Czosnek oraz cebulę obrać i posiekać. Cebulę zeszklić z odrobiną wody. Dodać bakłażan i przyrumienić na mocnym ogniu, po chwili zmniejszyć ogień. Dodać pomidory, czosnek, tymianek i bazylię. Doprawić solą i pieprzem. Dusić pod przykryciem 30 minut na małym ogniu.

Paczuszki z pieczarek
Czas przygotowania: 20 minut • Czas pieczenia: 15 minut
Porcja dla 6 osób

- 24 pieczarki
- 100 g cukinii
- 2 szalotki
- 1 ząbek czosnku
- 150 g chudej szynki drobiowej
- 1 pokrojona na drobno czerwona papryka
- szczypta tartej bułki
- 2 żółtka

- 2 łyżki stołowe mieszanki posiekanych świeżych ziół (pietruszka, bazylia, trybula, szczypiorek)
- 6 listków mięty
- 12 gałązek szczypiorku
- sól, pieprz
- 1 l wody
- odrobina oliwy

Rozgrzać piekarnik do 210°C. Pieczarki oczyścić, oddzielić kapelusze i ułożyć je blaszkami do dołu. Piec 5 minut. Nóżki pieczarek posiekać. Cukinię umyć, pokroić w drobną kostkę i wrzucić na 2 minuty do osolonego wrzątku. Szalotki oraz czosnek obrać i posiekać, a następnie przyrumienić na lekko naoliwionej patelni (z powłoką zapobiegającą przywieraniu) z 1 łyżką stołową wody. Dodać cukinię, szynkę pokrojoną na cienkie paseczki, paprykę i posiekane nóżki pieczarek. Smażyć, aż wyparuje woda.

Zdjąć z ognia i dodać szczyptę tartej bułki, żółtka, zioła i posiekane listki mięty. Doprawić solą i pieprzem. 12 kapeluszy wypełnić farszem i przykryć pozostałymi kapeluszami. Przewiązać szczypiorkiem. Piec 10 minut.

Botwinka z tofu

Czas przygotowania: 20 minut • Czas gotowania / smażenia: 10 minut
Porcja dla 4 osób

- 0,5 kg botwinki
- 400 g szpinaku
- pół cebuli
- 240 g tofu

- 1 łyżeczka sosu sojowego
- 1 łyżeczka mięty
- sól, pieprz
- odrobina oliwy

Botwinkę i szpinak umyć, osączyć i pokroić. Drobno pokrojoną
cebulę zeszklić na lekko naoliwionej patelni z powłoką zapobiegającą
przywieraniu, a następnie dodać botwinkę oraz szpinak i dusić
pod przykryciem 10 minut. W tym czasie pokroić w drobną kostkę tofu
i podsmażać go z 1 łyżeczką sosu sojowego na patelni 5 minut na bardzo
małym ogniu. Doprawić solą oraz pieprzem i smażyć jeszcze 5 minut.
Podawać gorące warzywa z tofu, posypane posiekaną miętą.

Bulion warzywny Eugenii

Czas przygotowania: 15 minut • Czas gotowania: 5–6 minut
Porcja dla 1 osoby

- 50 g marchewki
- 50 g pieczarek
- 25 g selera naciowego
- 25 g białej części pora
- 2 średnie pomidory

- 1,25 l ostrego bulionu
  drobiowego bez tłuszczu
- 1 pęczek natki pietruszki
- sól, pieprz

Umyte i obrane warzywa (oprócz pomidorów) pokroić na cienkie paseczki.
Pomidory pokroić w ćwiartki i usunąć nasiona oraz nadmiar soku,
a następnie pokroić w grubą kostkę. Bulion doprowadzić do wrzenia,
doprawić go solą i pieprzem. Wrzucić warzywa (oprócz pomidorów)
do bulionu i gotować 5–6 minut pod częściowym przykryciem (warzywa

211

powinny zostać chrupkie). Zdjąć bulion z ognia, dodać pomidory i drobno posiekaną pietruszkę. Podawać gorący.

Kawior z bakłażana

Czas przygotowania: 30 minut • Czas pieczenia: 15 minut
Porcja dla 4 osób

- 6 twardych bakłażanów
- 2 ząbki czosnku
- 1 cytryna

- 1 łyżka stołowa octu winnego
- olej parafinowy
- sól, pieprz

Bakłażany umyć i osuszyć. Rozgrzać piekarnik do 220°C i piec bakłażany 15 minut na grillu, od czasu do czasu przewracając. W tym czasie obrać ząbki czosnku i przecisnąć je przez praskę. Wycisnąć sok z cytryny.

Ostrożnie wyjąć bakłażany z piekarnika, odczekać 5 minut, aż trochę ostygną, i zdjąć z nich skórę. Miąższ bakłażanów rozgnieść widelcem lub zmiksować, następnie dodać czosnek, sok z cytryny, ocet winny, dobrze doprawić solą i pieprzem. Dodać odrobinę oleju parafinowego, ubijając całość jak majonez. Podawać dobrze schłodzone.

Pieczarki po grecku

Czas przygotowania: 20 minut • Czas gotowania: 20 minut
Porcja dla 2 osób

- 5 łyżeczek soku z cytryny
- 2 listki laurowe
- 1 łyżeczka nasion kolendry
- 1 łyżeczka pieprzu
- 700 g pieczarek

- 4 łyżeczki posiekanej natki pietruszki
- sól
- 0,5 l wody

Do rondla wlać 0,5 l wody, sok z cytryny, wrzucić listki laurowe, nasiona kolendry i pieprz. Posolić.
Doprowadzić do wrzenia i gotować 10 minut pod przykryciem.
Pieczarki umyć, osuszyć, odciąć końcówki nóżek, pokroić na kawałki.
Wrzucić grzyby do rondla, ponownie doprowadzić wodę do wrzenia, odczekać 2 minuty i zgasić ogień. Wsypać pietruszkę, delikatnie wymieszać. Całość ostudzić.
Grzyby odsączyć, ułożyć na talerzu i skropić wywarem powstałym z gotowania. Dodać kilka nasion kolendry.

Chipsy pomidorowe z papryką

Czas przygotowania: 10 minut • Czas pieczenia: 120 minut
Porcja dla 4 osób

• 10 pomidorów

• 1/4 łyżeczki papryki

Wybrać okrągłe i twarde pomidory. Pokroić je na plasterki grubości 2 mm, ułożyć na folii aluminiowej i posypać słodką papryką. Piec 2 godziny w piekarniku nagrzanym do 100°C. Przechowywać w hermetycznym pudełku, w suchym miejscu.

Kapusta z Północy

Czas przygotowania: 25 minut • Czas smażenia: 10 minut
Porcja dla 2 osób

• 450 g poszatkowanej kapusty
• 2 łyżki stołowe sosu sojowego
• 1 łyżka stołowa sosu teriyaki
• 1 ząbek czosnku

• 1 łyżeczka imbiru
• 1 cebula
• kilka gałązek tymianku
• sól, pieprz

Wymieszać sos sojowy z sosem teriyaki, zmielonym imbirem, czosnkiem i pieprzem. Odstawić na co najmniej 5 minut. Kapustę wrzucić na mocno rozgrzaną patelnię z powłoką zapobiegającą przywieraniu, dodać posiekaną cebulę, odrobinę soli i tymianek. Podsmażać na mocnym ogniu 3–4 minuty (kapusta powinna zostać chrupka), następnie dodać sos. Dusić aż do niemal całkowitego wyparowania sosu.

Kalafior na parze

Czas przygotowania: 10 minut • Czas gotowania: 15 minut
Porcja dla 2 osób

- 400 g kalafiora
- 2 jajka na twardo
- sok z 1 cytryny

- 2 łyżeczki posiekanej natki pietruszki
- szczypta kminku
- sól, pieprz

Kalafior gotować na parze 15 minut. Ułożyć go na talerzu i posypać rozdrobnionymi jajkami na twardo. Skropić sokiem z cytryny, posypać natką pietruszki, kminkiem, solą i pieprzem.

Koktajl garden party

Czas przygotowania: 10 minut • Bez gotowania
Porcja dla 1 osoby

- 50 g marchewek
- 30 g selera
- 150 g pomidorów

- sok z 1 cytryny
- 50 ml wody

Wszystkie składniki umyć i obrać, a następnie włożyć do sokowirówki. Sok podawać schłodzony.

Koktajl witalności

Czas przygotowania: 15 minut • Bez gotowania

Porcja dla 2 osób

- 300 g marchewek
- 100 g selera korzeniowego
- 400 ml wody

- 25 g koperku
- 5 g soli

Marchewki umyć, seler obrać. Pokroić warzywa na małe kawałki. Zmiksować w blenderze z wodą, koperkiem i solą do uzyskania jednolitej konsystencji (około 45 sekund). Podawać schłodzony.

Cukinie po chłopsku

Czas przygotowania: 10 minut • Czas gotowania / pieczenia: 20 minut

Porcja dla 2 osób

- 250 g cukinii
- 100 g beztłuszczowego twarożku
- 1 łyżeczka ziół prowansalskich

- kilka posiekanych gałązek pietruszki
- sól, pieprz

Cukinie umyć, obrać, usunąć z nich nasiona, drobno pokroić i ugotować na parze. Ugotowaną cukinię przełożyć do żaroodpornego naczynia. Polać sosem z twarożku i ziół prowansalskich. Doprawić solą i pieprzem. Wstawić do piekarnika nagrzanego do 210°C i piec kilka minut. Przed podaniem posypać pietruszką.

Cukinie w sosie pomidorowym

Czas przygotowania: 10 minut • Czas gotowania: 35–40 minut

Porcja dla 2 osób

- 2 cukinie
- 4 pomidory
- 1 łyżeczka ziół prowansalskich
- 1 ząbek czosnku
- sól, pieprz

Cukinie pokroić w kostkę i włożyć do rondla. Pomidory sparzyć, obrać, usunąć nasiona i dodać do cukinii. Dosypać zioła prowansalskie i dusić całość 35–40 minut na małym ogniu pod przykryciem. Pod koniec gotowania dodać czosnek przeciśnięty przez praskę. Doprawić solą i pieprzem.

Szafranowy krem z kalafiora

Czas przygotowania: 20 minut • Czas gotowania: 55 minut

Porcja dla 4 osób

- 0,5 kg kalafiora
- 750 ml chudego mleka
- 2 ząbki czosnku
- szczypta gałki muszkatołowej
- szczypta szafranu
- 1 mały pęczek trybuli
- sól, pieprz

Różyczki kalafiora blanszować 5 minut w rondlu z wrzącą osoloną wodą, potem ostudzić je i odsączyć. Zagotować mleko i wrzucić do niego różyczki kalafiora oraz obrane ząbki czosnku. Gotować 45 minut pod przykryciem na bardzo małym ogniu. Całość zmiksować, tak by otrzymać aksamitny krem. Dodać gałkę muszkatołową i szafran. Gotować krem 5 minut bez przykrycia, na małym ogniu. Wlać do ciepłych miseczek, doprawić solą i pieprzem. Udekorować gałązkami trybuli. Podawać natychmiast.

Curry z ogórka

Czas przygotowania: 20 minut • Czas gotowania: 22 minuty

Porcja dla 4 osób

- 2 średnie ogórki
- 1 mała ostra papryczka
- 1 płaska łyżeczka curry
- 4 małe pomidory

- 100 ml chudego mleka
- 1 łyżeczka maizeny
- sól

Ogórki przekroić wzdłuż na pół, a każdą połówkę na 1-centymetrowe plasterki. W rondlu z powłoką zapobiegającą przywieraniu podsmażyć posiekaną papryczkę z curry, dodać ogórki i smażyć na małym ogniu 10 minut. Dodać pokrojone w grubą kostkę pomidory i dusić kolejne 10 minut. Doprawić solą.

W miseczce wymieszać maizenę z mlekiem, zalać warzywa i gotować 1–2 minuty, aż sos zgęstnieje. Podawać na gorąco.

Trójkolorowy szpinak

Czas przygotowania: 10 minut • Czas gotowania: 15 minut

Porcja dla 2 osób

- 400 g mrożonego szpinaku
- 3 pomidory
- 2 papryki
- kilka gałązek tymianku

- 1 listek laurowy
- sól, pieprz
- 1 szklanka wody

Przygotować szpinak zgodnie ze wskazówkami na opakowaniu. Do rondla wrzucić pokrojone na małe kawałki pomidory, papryki pokrojone na cienkie paseczki, tymianek i listek laurowy. Zalać 1 szklanką wody, doprawić solą oraz pieprzem i gotować 10 minut pod przykryciem, na małym ogniu. Dodać szpinak, podgrzać i podawać na gorąco.

Bakłażany w pomidorach

Czas przygotowania: 20 minut • Czas gotowania: 60 minut

Porcja dla 4 osób

- 600 g bakłażana
- 2 cebule
- 1 kg pomidorów

- 2 ząbki czosnku
- sól, pieprz
- odrobina oliwy

Bakłażany umyć, obrać i pokroić wzdłuż na plastry grubości 1 cm. Na lekko naoliwionej patelni podsmażyć na średnim ogniu posiekaną cebulę. Pomidory sparzyć, obrać, pokroić na kawałki i dodać do cebuli razem z obranymi i przeciśniętymi przez praskę ząbkami czosnku. Doprawić solą i pieprzem. Dusić 30 minut pod przykryciem na średnim ogniu, następnie zmiksować na purée i znowu przełożyć na patelnię.

Włożyć plastry bakłażana do purée z pomidorów. Dusić pod przykryciem na bardzo małym ogniu 30 minut. Doprawić do smaku.

Mus bakłażanowy

Czas przygotowania: 40 minut • Czas pieczenia: 30 minut

Porcja dla 2 osób

- 0,5 kg bakłażana
- 2 czerwone papryki
- 2 ząbki czosnku
- 2,5 łyżki stołowej
  żelatyny w proszku

- 2 łyżki stołowe
  octu winnego
- 2 beztłuszczowe jogurty
- sól, pieprz

Bakłażany i papryki piec 30 minut w piekarniku nagrzanym do 200°C. Czosnek obrać i przecisnąć przez praskę. W rondelku podgrzewać 5 minut ocet winny i żelatynę, aż do jej całkowitego rozpuszczenia. Podgrzewać jeszcze chwilę, ciągle mieszając.

Papryki obrać i usunąć gniazda nasienne. Bakłażany przekroić na pół i oddzielić łyżeczką miąższ od skóry. Czosnek, miąższ bakłażana i papryki zmiksować na purée. Dodać rozpuszczoną żelatynę i jogurty. Doprawić solą i pieprzem. Wymieszać. Wlać masę do foremki i wstawić do lodówki na 6 godzin.

Mus ogórkowy

Czas przygotowania: 25 minut • Bez gotowania
Porcja dla 2 osób

- 4 listki żelatyny
- 2 ogórki
- 1 cytryna
- 1 cebula
- 400 g beztłuszczowego twarożku

- 100 ml chudego mleka
- kilka gałązek pietruszki i estragonu
- sól, pieprz
- 250 ml wody

Listki żelatyny namoczyć w miseczce zimnej wody. Ogórki obrać, pokroić na kawałki, posypać solą i odstawić na 1 godzinę. Następnie opłukać zimną wodą i odsączyć. Mleko podgrzać na małym ogniu i wrzucić do niego odsączoną żelatynę.

Ogórki zmiksować, połączyć z twarożkiem, mlekiem z żelatyną, startą skórką i sokiem wyciśniętym z cytryny, posiekaną cebulą, natką pietruszki i estragonem. Doprawić całość solą i pieprzem.

Masę wlać do formy z powłoką zapobiegającą przywieraniu (lub do zwykłej formy wyłożonej folią aluminiową) i wstawić do lodówki na mniej więcej 12 godzin.

Mus paprykowy

Czas przygotowania: 10 minut • Czas gotowania: 15 minut

Porcja dla 4 osób

- 1 żółta papryka
- 1 czerwona papryka
- 2 łyżki stołowe słodziku do gotowania
- 120 g chudej szynki drobiowej

- 200 g beztłuszczowego twarożku
- kilka gałązek natki pietruszki
- sól, pieprz
- 1 l wody

Papryki obrać, pokroić wzdłuż na kawałki i usunąć z nich gniazda nasienne. Włożyć do rondla z zimną wodą i słodzikiem. Doprawić solą i pieprzem. Doprowadzić do wrzenia i gotować 10 minut. Odsączyć, odłożyć 4 kawałki do dekoracji i pokroić je na cienkie paseczki. Resztę papryki zmiksować z szynką. Tak uzyskane purée podgrzewać na małym ogniu 5 minut. Wlać purée do salaterki i ostudzić.

Przed podaniem dodać do purée twarożek i udekorować całość paseczkami papryki. Posypać natką pietruszki.

Chłodnik na kwaśno

Czas przygotowania: 15 minut • Bez gotowania

Porcja dla 2 osób

- 600 g pomidorów
- 200 g marchewki
- 1 gałąź selera naciowego razem z liśćmi

- 1 cytryna
- kilka kropli sosu tabasco
- sól, pieprz

Pomidory, marchewki i seler pokroić na 2-centymetrowe kawałki. Cytrynę umyć, połowę obrać i pokroić w drobną kostkę. Wszystkie składniki zmiksować, doprawić solą i pieprzem, dodać sos tabasco. Wstawić na 1 godzinę do lodówki.

Zupa krem
z kopru włoskiego

Czas przygotowania: 20 minut • Czas gotowania: 50 minut

Porcja dla 1 osoby

- 3 bulwy kopru włoskiego
- 1 l bulionu z kury (bez tłuszczu)
- 4 dojrzałe pomidory
- 3 szalotki
- 2 ząbki czosnku

- kilka gałązek tymianku
- kilka małych listków laurowych
- 50 g beztłuszczowego twarożku
- kilka gałązek natki pietruszki
- sól, pieprz

Bulwy kopru oczyścić i pokroić na cienkie paski. Następnie gotować je 20 minut w bulionie na średnim ogniu, pod przykryciem.

Pomidory obrać i usunąć z nich nasiona. Szalotki oraz czosnek obrać i zmiksować razem z pomidorami. Zmiksowane warzywa, tymianek i listki laurowe dodać do bulionu. Doprawić do smaku i gotować kolejne 30 minut. Tuż przed podaniem dodać twarożek i posypać natką pietruszki.

Zupa z cykorii

Czas przygotowania: 15 minut • Czas gotowania: 15 minut

Porcja dla 4 osób

- 800 g cykorii
- 1 l bulionu wołowego bez tłuszczu
- 1 cebula

- 100 g wędzonej szynki drobiowej
- odrobina oliwy

Cykorie posiekać i gotować w bulionie 10 minut, na średnim ogniu. Cebulę obrać, posiekać i zeszklić na lekko naoliwionej patelni. Szynkę pokroić w drobną kostkę i podsmażyć ją razem z cebulą. Kiedy cykoria się ugotuje, dodać do bulionu cebulę i szynkę. Gotować kilka minut na średnim ogniu.

Zupa krem z bakłażana z curry

Czas przygotowania: 20 minut • Czas gotowania: 40 minut

Porcja dla 1 osoby

- 1 bakłażan
- 1 posiekana czerwona cebula
- 1 drobno pokrojona
  ostra papryczka
- 1 łyżka stołowa curry
- pół łyżeczki mielonego cynamonu

- ćwierć łyżeczki mielonych goździków
- 250 g pokrojonych w grubą
  kostkę pomidorów
- 750 ml bulionu warzywnego
- sól, pieprz
- odrobina oliwy

Odciąć końcówki bakłażana i pokroić go na plastry o grubości 2,5 cm. W dużym, lekko naoliwionym rondlu podsmażać 3 minuty na średnim ogniu cebulę. Dodać papryczkę, curry w proszku, cynamon i goździki. Posolić. Podsmażać jeszcze 2 minuty. Dodać bakłażan, pomidory i zalać wszystko bulionem. Gotować 40 minut, częściowo przykrywając garnek. Odstawić i ostudzić. Zmiksować zupę na krem i podgrzać przed podaniem. Doprawić do smaku.

Zupa krem z rzepy z curry

Czas przygotowania: 20 minut • Czas gotowania: 45 minut

Porcja dla 2 osób

- 1 kg rzepy
- 1 hiszpańska cebula
- 4 ząbki czosnku
- szczypta curry w proszku
- 900 ml odtłuszczonego
  bulionu drobiowego
- kilka kropli sosu tabasco
- pół cytryny

- 200 g beztłuszczowego jogurtu
- 70 g cienkich plasterków
  chudej szynki
- 2 gałązki natki pietruszki
  (lub szczypiorku)
  drobno posiekane
- szczypta gałki muszkatołowej
- sól, pieprz

Rzepy obrać i odkroić ich środkowe, dosyć twarde części. Cebulę i czosnek obrać i posiekać, a następnie zeszklić na średnim ogniu w rondlu z powłoką zapobiegającą przywieraniu. Przykryć i dusić 5 minut, a następnie dodać rzepę. Zamieszać, przykryć i dusić jeszcze 10 minut. Dodać curry, dokładnie wymieszać i wlać bulion. Gotować 30 minut na małym ogniu.

Zmiksować zupę: powinna mieć kremową, aksamitną konsystencję. Doprawić do smaku. Dodać kilka kropli sosu tabasco i sok z połowy cytryny. Podgrzać 150 g jogurtu i dodać go do zupy.

W międzyczasie podsmażyć na patelni szynkę, osuszyć ją i rozdrobnić palcami.

Podawać zupę z odrobiną jogurtu, posypaną smażoną szynką, natką pietruszki i gałką muszkatołową.

Purée z bakłażana lub cukinii
Czas przygotowania: 10 minut • Czas gotowania: 20 minut
Porcja dla 1 osoby

- 1 pomidor
- 1 cukinia lub bakłażan
- 1 łyżeczka ziół prowansalskich
- 1 ząbek czosnku

Pomidora i cukinię (lub bakłażana) obrać i pokroić w kostkę. Gotować 20 minut na parze, a następnie zmiksować. Dodać zioła prowansalskie i czosnek. Wstawić do lodówki na 1 godzinę i podawać schłodzone.

Sałatka z bakłażanów
Czas przygotowania: 15 minut • Czas gotowania: 40 minut
Porcja dla 2 osób

- 2 duże bakłażany
- 1 łyżeczka octu winnego
- 3 łyżki stołowe oleju parafinowego
- 1 ząbek czosnku
- 4 gałązki szczypiorku
- 1 szalotka
- 2 gałązki natki pietruszki
- sól

Bakłażany obrać, pokroić na grube kawałki i gotować około 20 minut w osolonej wodzie na mocnym ogniu. Zmniejszyć ogień i gotować jeszcze 20 minut. Ostudzić je i rozgnieść widelcem, a następnie zalać octem winnym i olejem parafinowym zmieszanym z przeciśniętym przez praskę czosnkiem, posiekanym szczypiorkiem i szalotką. Posypać posiekaną natką pietruszki i podawać schłodzone.

Sałatka z pietruszki

Czas przygotowania: 10 minut • Bez gotowania
Porcja dla 2 osób

• 1 duży pęczek natki pietruszki
• 1 średnia cebula

• 1,5 cytryny
• sól

Pietruszkę umyć i osuszyć papierowym ręcznikiem. Łodyżki odciąć i wyrzucić. Cebulę obrać i posiekać. Posiekaną pietruszkę i cebulę wymieszać w misce, dodać pokrojony miąższ z 1 cytryny i sok wyciśnięty z połowy cytryny. Posolić i wymieszać. Sałatkę podawać schłodzoną. Idealny dodatek do grillowanego mięsa.

Sałatka pasterska

Czas przygotowania: 15 minut • Bez gotowania
Porcja dla 2 osób

• 4 pomidory
• 2 małe ogórki
• 2 cebule
• 2 słodkie papryki
• kilka listków mięty

• 3 gałązki natki pietruszki
• sok z połowy cytryny
• 4 łyżki stołowe oleju
  parafinowego
• sól, pieprz

Pomidory i ogórki pokroić w drobną kostkę i wrzucić do salaterki. Cebule pokroić na cienkie krążki, papryki drobno posiekać (usuwając gniazda nasienne), posiekać miętę oraz pietruszkę i dodać wszystko do salaterki. Skropić sokiem z cytryny i olejem parafinowym, doprawić solą i pieprzem.

Zupa z marchewki, kopru i tymianku

Czas przygotowania: 20 minut • Czas gotowania: 25 minut
Porcja dla 3 osób

- 350 g cebuli
- 350 g pora
- 2 obrane ząbki czosnku
- ćwierć łyżeczki nasion kopru
- pół łyżeczki tymianku

- 4 średnie marchewki
- 1 bulwa kopru włoskiego
- 1 l odtłuszczonego bulionu z kury
- sól, pieprz
- odrobina oliwy

Cebulę, por, czosnek, ziarna kopru i tymianek podsmażyć w lekko naoliwionym rondlu na średnim ogniu, aż wydzieli się aromatyczny zapach. Pokroić w kostkę marchewki oraz bulwę kopru, dodać warzywa i dusić całość kilka minut. Dodać wszystko do bulionu, doprawić go solą i pieprzem. Gotować, aż marchewki i koper będą miękkie. Jeśli zbyt dużo bulionu wyparuje, dolać wody. Przed podaniem wrzucić do każdej miseczki kilka posiekanych liści kopru.

Zupa cytrynowa po grecku

Czas przygotowania: 10 minut • Czas gotowania: 10 minut
Porcja dla 2 osób

- 1 l wody
- 2 drobiowe kostki bulionowe
  bez tłuszczu
- szczypta szafranu

- 2 marchewki
- 2 cukinie
- 1–2 żółtka
- 1 cytryna

Wodę z kostkami bulionowymi i szafranem doprowadzić do wrzenia. W tym czasie zetrzeć na grubej tarce marchewki i cukinie. Wrzucić startą marchewkę do bulionu i gotować 5 minut. Dodać cukinie i gotować kolejne 3 minuty. Dodać 1 lub 2 żółtka, sok i startą skórkę z cytryny. Podgrzewać na średnim ogniu, nie doprowadzając do wrzenia.

Chłodnik ogórkowy
Czas przygotowania: 15 minut • Bez gotowania
Porcja dla 1 osoby

- 1 czerwona papryka
- 1 zielona papryka
- 4 pomidory

- 2 ogórki
- 1 gałązka świeżej mięty
- sól, pieprz

Papryki, pomidory i ogórki umyć, obrać, pokroić i usunąć z nich nasiona. Całość zmiksować z miętą. Doprawić do smaku. Podawać schłodzone.

Zupa z kopru włoskiego
Czas przygotowania: 15 minut • Czas gotowania: 30 minut
Porcja dla 1 osoby

- 1 mały koper włoski
- 2 pomidory
- 1 cukinia
- szczypta tymianku
- kilka listków laurowych

- sól, pieprz
- 2 łyżki stołowe beztłuszczowego twarożku
- 0,5 l wody

Koper pokroić wzdłuż na 4 części i blanszować w rondlu w 0,5 l osolonej wrzącej wody. Pomidory i cukinię pokroić na kawałki i dodać z listkami laurowymi i tymiankiem do wody z koprem. Całość gotować 15 minut pod przykryciem na średnim ogniu, aż warzywa będą miękkie. Wyjąć listki laurowe i zmiksować zupę. Doprawić ją solą i pieprzem. Dodać odrobinę twarożku, by zagęścić zupę.

Chłodnik ogórkowy (2)

Czas przygotowania: 10 minut • Bez gotowania
Porcja dla 1 osoby

- pół ogórka
- 1 ząbek czosnku
- 1 łyżka stołowa gęstego przecieru pomidorowego
- kilka kropli sosu tabasco

- 1 łyżka stołowa beztłuszczowego twarożku
- kostki lodu
- sól, pieprz

Ogórek obrać i zmiksować z solą, pieprzem i czosnkiem. Dodać przecier pomidorowy, sos tabasco (wedle gustu), twarożek i kostki lodu. Podawać bardzo zimny.

Chłodnik pomidorowy

Czas przygotowania: 20 minut • Bez gotowania
Porcja dla 4 osób

- 1 kg pomidorów
- 1 cebula
- 1 ząbek czosnku
- 3 gałązki natki pietruszki

- 1 gałązka bazylii
- 1 gałązka cząbru
- 1 gałązka tymianku
- sól, pieprz

Pomidory umyć, obrać, usunąć z nich nasiona i pokroić na ćwiartki. Obrać i pokroić na ćwiartki cebulę. Obrać czosnek. Pomidory, bazylię, pietruszkę, cebulę i czosnek zmiksować na purée. Tymianek i cząber posiekać i dodać do purée z pomidorów. Doprawić całość solą i pieprzem. Przelać zupę do talerzy i wstawić do lodówki. Podawać dobrze schłodzoną.

Tajine z cukinii
Czas przygotowania: 10 minut • Czas gotowania: 35 minut
Porcja dla 2 osób

- 2 ząbki czosnku
- 1 łyżeczka mielonego kminku
- 1 łyżeczka mielonej kolendry
- 1 łyżeczka mielonego ras el hanout (lub garam masala)
- 0,5 l wody
- 1 drobiowa kostka bulionowa
- 2 łyżki stołowe koncentratu pomidorowego
- 4 cukinie
- 1 cytryna
- 1 pęczek kolendry
- odrobina oliwy

Czosnek przeciśnięty przez praskę podsmażać kilka minut wraz z przyprawami w lekko naoliwionym garnku. Dodać wodę, kostkę bulionową, koncentrat pomidorowy, cukinie pokrojone w słupki. Gotować pod przykryciem 35 minut na średnim ogniu. Podawać skropione sokiem z cytryny i posypane kolendrą, jeśli to możliwe w talerzu do tajine.

Tzatziki
Czas przygotowania: 10 minut • Bez gotowania
Porcja dla 1 osoby

- pół ogórka
- 1 drobno posiekany ząbek czosnku
- 2 kubeczki beztłuszczowego jogurtu
- sól morska

Ogórek obrać, usunąć nasiona, drobno pokroić go i posypać obficie solą morską. Odstawić na kilka minut. Następnie wymieszać wszystkie składniki i wstawić do lodówki na kilka godzin. Podawać dobrze schłodzone.

Terrine z bakłażana

Czas przygotowania: 25 minut • Czas pieczenia: 60 minut
Porcja dla 4 osób

- 2 bakłażany
- 100 g skwarków z kurczaka
  lub indyka
- 3 łodygi selera naciowego

- 1 ząbek czosnku
- 3 posiekane gałązki
  natki pietruszki
- 3 pomidory

Bakłażany pokroić w plasterki, posypać solą i odstawić. Skwarki przyrumienić na patelni i odstawić. Pokroić łodygi selera i przysmażyć je na tej samej patelni na małym ogniu. Wymieszać skwarki z selerem.

Na dnie formy do pieczenia ułożyć warstwę plastrów bakłażana, na nich warstwę selera ze skwarkami, posypaną posiekaną natką pietruszki i posiekanym czosnkiem, następnie ułożyć warstwę pomidorów w plasterkach i na koniec warstwę z pozostałych plastrów bakłażana. Piec 1 godzinę w piekarniku nagrzanym do 180°C.

Terrine porowe

Czas przygotowania: 30 minut • Czas gotowania: 20–30 minut
Porcja dla 6 osób

- 2 kg młodych porów
- 4 pomidory
- 1 łyżka stołowa octu winnego

- 2 łyżki stołowe posiekanych
  świeżych ziół
- sól, pieprz

Pory oczyścić i pokroić, tak by były tej samej wysokości co forma do pieczenia terrine. Związać je w małe pęczki i gotować 20–30 minut we wrzącej osolonej wodzie. Odsączyć w cedzaku. Wycisnąć, by usunąć jak najwięcej wody z gotowania. Formę do pieczenia wyłożyć folią aluminiową (zrobić kilka dziurek w folii, aby mogła przez nie wyciec woda). Ułożyć pory w formie. Wstawić na kilka godzin do lodówki, regularnie odlewając wodę.

Pomidory sparzyć i obrać, a następnie zmiksować z octem winnym i świeżymi ziołami, tak by powstał gęsty sos. Doprawić solą i pieprzem. Terrine wyjąć z formy i podawać z sosem.

Terrine ogrodowe

Czas przygotowania: 15 minut • Czas pieczenia: 15 minut
Porcja dla 4 osób

- 900 g marchewki
- 0,5 kg pora
- 5 jajek

- 125 g beztłuszczowego twarożku
- 100 g posiekanej chudej szynki
- sól, pieprz

Marchewki zetrzeć na tarce, pory ugotowane na parze zmiksować. Wymieszać ubite jajka z twarożkiem, solą i pieprzem. Dodać warzywa, szynkę, dokładnie wszystko wymieszać i przełożyć do prostokątnego żaroodpornego naczynia. Przykryć i piec w piekarniku nagrzanym do 190°C.

Prowansalska zapiekanka warzywna

Czas przygotowania: 10 minut • Czas pieczenia: 55 minut
Porcja dla 6 osób

- 5 pomidorów
- 1 cukinia
- 2 bakłażany
- 0,5 kg czerwonej papryki
- 2 zielone papryki
- 8 ząbków czosnku

- szczypta tymianku
- szczypta cząbru
- 5 listków bazylii
- sól, pieprz
- 1 szklanka wody.

Piekarnik rozgrzać do 220°C. Pomidory, cukinię i bakłażany umyć, osuszyć i pokroić na plasterki. Papryki umyć, osuszyć, pokroić i dokładnie usunąć gniazda nasienne. W naczyniu żaroodpornym układać na przemian plasterki pomidorów, bakłażanów i cukinii. Na środku ułożyć papryki i ząbki czosnku. Posypać całość tymiankiem, cząbrem, posiekanymi listkami bazylii, doprawić solą i pieprzem. Wstawić do piekarnika na 55 minut. W połowie czasu pieczenia dolać 1 szklankę wody, aby warzywa nie wyschły.

Salsa pomidorowa
Czas przygotowania: 20 minut • Czas gotowania: 6–8 minut
Porcja dla 2 osób

- 4 bardzo dojrzałe pomidory
- 1 czerwona (lub biała) cebula pokrojona na 8 części
- 2 przeciśnięte przez praskę ząbki czosnku
- 5 papryczek jalapenos
- 15 ml soku z cytryny
- kilka gałązek kolendry
- szczypta soli

Pomidory blanszować 30 sekund we wrzątku. Obrać i usunąć z nich nasiona, a następnie grubo pokroić i wrzucić do miksera. Dodać kawałki cebuli, czosnek i sól. Papryczki jalapenos przekroić na pół i usunąć szypułki. Wydrążyć papryczki, zostawiając więcej lub mniej nasion, w zależności od tego, jak bardzo pikantny ma być sos. Papryczki grubo pokroić i dodać do miksera. Miksować aż do uzyskania jednolitej konsystencji.

Wlać sos do rondelka i gotować około 6–8 minut na średnim ogniu. Zdjąć z ognia i studzić co najmniej 10 minut. Dodać sok z cytryny i kolendrę.

Krem z cukinii

Czas przygotowania: 10 minut • Czas gotowania: 30 minut
Porcja dla 1 osoby

- 350 ml wody
- 1 drobiowa kostka bulionowa
  bez tłuszczu

- 3–4 cukinie
- 1 serek topiony bez tłuszczu
- sól i pieprz

Do rondla wlać wodę i rozpuścić w niej kostkę bulionową, a następnie dodać starte na tarce wraz ze skórką cukinie. Gotować je pod przykryciem 30 minut na średnim ogniu, ciągle mieszając. Zdjąć z ognia, dodać serek, doprawić do smaku, wymieszać i zmiksować.

Mrożony krem z cukinii

Czas przygotowania: 7 minut • Czas gotowania: 8 minut
Porcja dla 1 osoby

- 2 średnie cukinie
- 2 drobiowe kostki bulionowe
  bez tłuszczu
- 2 l wody

- 2 beztłuszczowe jogurty
- 6 świeżych, posiekanych
  listków bazylii
- sól, pieprz

Cukinie pokroić na plasterki (nie obierać ze skóry). Wrzucić je do rondla z wrzącą osoloną wodą i gotować 8 minut na małym ogniu. Jednocześnie doprowadzić do wrzenia 200 ml wody z kostkami bulionowymi. Zdjąć bulion z ognia i odstawić. Cukinie odsączyć, dokładnie wycisnąć i zmiksować z bulionem. Dodać 400 ml zimnej wody i jogurty.

Wymieszać wszystko i doprawić do smaku. Wstawić do lodówki. Podawać dobrze schłodzone, z kostkami lodu, posypane posiekanymi, świeżymi listkami bazylii.

DESERY

Ciastko
z wiosennymi ziołami

Czas przygotowania: 10 minut • Czas pieczenia: 30 minut

Porcja dla 2 osób

- 50 g szczawiu
- 50 g świeżej bazylii
- 50 g mniszka
- 0,5 kg beztłuszczowego twarożku

- 1 łyżka stołowa chudego mleka
- 2 jajka
- szczypta cynamonu
- sól, pieprz

Zioła opłukać, osuszyć i drobno posiekać. W salaterce ubić twarożek, chude mleko i jajka aż do uzyskania kremu o jednolitej konsystencji. Dodać zioła, cynamon, sól i pieprz. Wlać masę do formy na ciasto lub terrine. Piec 30 minut w piekarniku nagrzanym do 180°C. Podawać na gorąco lub ciepło.

Piankowe śnieżki

Czas przygotowania: 20 minut • Czas gotowania: 10 minut
Porcja dla 2 osób

- 250 ml chudego mleka
- 2 jajka

- 1 łyżka stołowa słodziku
  (np. Hermesetas)

Zagotować mleko. Ubić żółtka ze słodzikiem i powoli dodawać gorące mleko. Przelać całość do rondelka i podgrzewać na małym ogniu, ciągle mieszając drewnianą szpatułką i uważając, by masa nie przywarła do dna. Kiedy krem zgęstnieje, zdjąć rondelek z ognia. Nie doprowadzać do wrzenia, bo krem się zwarzy.

Białka ubić na sztywną pianę. Dużą łyżką nakładać kulki z ubitych białek do rondla z wrzącą wodą. Kiedy kulki z białka napęcznieją, wyjąć je łyżką cedzakową i odsączyć. Kiedy krem z żółtek całkowicie ostygnie dodać do niego kulki i podawać.

Jajka w mleku

Czas przygotowania: 10 minut • Czas pieczenia: 40 minut
Porcja dla 2 osób

- 0,5 l chudego mleka
- 60 g słodziku (np. Hermesetas)

- 1 laska wanilii
- 4 jajka

Zagotować mleko ze słodzikiem i rozkruszoną laską wanilii. Jajka ubić w salaterce jak na omlet. Wyjąć wanilię z mleka i powoli wlewać gorące mleko do ubitych jajek, cały czas mieszając. Przelać masę do żaroodpornego naczynia i piec 40 minut w kąpieli wodnej w piekarniku nagrzanym do 220°C. Podawać na zimno.

SOSY

Sos
szalotkowy

Czas przygotowania: 10 minut • Czas gotowania: 10 minut

Porcja dla 10 osób

- 12 szalotek
- 120 ml octu winnego
- 13 łyżek stołowych chudego mleka

- 1 żółtko
- sól, pieprz

Szalotki obrać, posiekać, wrzucić do rondelka i zalać octem winnym. Gotować 10 minut. Zdjąć z ognia, dodać mleko, ubite widelcem żółtko i doprawić. Natychmiast podawać.

Sos
cebulowy

Czas przygotowania: 10 minut • Czas gotowania: 2 minuty
Porcja dla 10 osób

- 1 duża cebula
- 125 ml bulionu warzywnego
- 1 żółtko
- 1 mały naturalny serek
  homogenizowany

- 1 łyżka stołowa
  octu winnego
- 1 łyżeczka musztardy
- sól, pieprz

Cebulę obrać i drobno posiekać. W rondelku podgrzewać cebulę
z bulionem na średnim ogniu 2 minuty. W salaterce wymieszać żółtko,
serek homogenizowany, ocet winny, musztardę, sól i pieprz. Powoli
dolewać ostudzony bulion, ciągle mieszając. Podawać na zimno.

Sos
z twarożku

Czas przygotowania: 10 minut • Bez gotowania
Porcja dla 2 osób

- 100 g beztłuszczowego twarożku
- pół cytryny
- 2 małe cebule
- pół bulwy kopru włoskiego

- 1 łyżeczka posiekanej
  bazylii (lub natki pietruszki)
- sól, pieprz

Twarożek wymieszać z sokiem z cytryny. Doprawić solą i pieprzem.
Dodać 2 obrane i drobno posiekane cebule, drobno posiekany koper włoski
i posiekaną bazylię. Wszystkie składniki dokładnie wymieszać i schłodzić
przed podaniem.

Sos
paprykowy

Czas przygotowania: 15 minut • Bez gotowania

Porcja dla 2 osób

- 1 czerwona papryka
- 1 ząbek czosnku
- pół cebuli
- 1 mała ostra papryczka

- 1 cytryna
- kilka kropli
  sosu tabasco
- sól

Paprykę umyć, przekroić, usunąć z niej gniazdo nasienne i pokroić na cienkie paseczki. Cebulę i czosnek obrać i posiekać. Ostrą papryczkę umyć i drobno pokroić. Wycisnąć sok z cytryny. Wszystkie składniki dokładnie wymieszać, posolić, dodać sos tabasco. Odstawić na co najmniej 1 godzinę przed podaniem.

Sos
szafranowy

Czas przygotowania: 2 minuty • Bez gotowania

Porcja dla 2 osób

- 1 łyżeczka maizeny
- 1 łyżka wazowa bulionu rybnego

- szczypta szafranu
- sól, pieprz

Maizenę rozpuścić w letnim bulionie rybnym. Dodać szafran. Doprawić solą i pieprzem.

Sos
z kaparami

Czas przygotowania: 10 minut • Czas gotowania: 15 minut

Porcja dla 5 osób

- 2 łyżki stołowe koncentratu
  pomidorowego
- 4 łyżki stołowe chudego mleka
- 7 małych korniszonów

- 12 kaparów
- sól, pieprz
- 100 ml wody

Wymieszać mleko i koncentrat pomidorowy. Dodać 100 ml wody
i posiekane korniszony. Gotować 15 minut, następnie dodać sól, pieprz
i kapary. Natychmiast podawać.

Sos
szpinakowy

Czas przygotowania: 10 minut • Czas gotowania: 1 minuta

Porcja dla 4 osób

- 100 g szpinaku
- 2 łyżki stołowe
  beztłuszczowego jogurtu
- 200 ml bulionu drobiowego
  bez tłuszczu

- szczypta zmielonej
  gałki muszkatołowej
- sól

Szpinak umyć i blanszować w osolonym wrzątku. Odsączyć i zmiksować.
Dodać jogurt i bulion drobiowy. Podgrzewać 1 minutę na mocnym ogniu.
Dodać sól i gałkę muszkatołową.

Sos
ze świeżych ziół

Czas przygotowania: 15 minut • Czas gotowania: 2 minuty

Porcja dla 2 osób

- 3 gałązki natki pietruszki
- 1/3 łyżeczki estragonu
- 4 gałązki szczypiorku
- 2 ząbki czosnku
- 2 szalotki

- 2 łyżeczki maizeny
- 2 łyżki stołowe beztłuszczowego twarożku
- sól, pieprz
- 100 ml wody

Świeże zioła, czosnek i szalotki drobno posiekać. Rozpuścić maizenę w wodzie i połączyć z twarożkiem. Dodać czosnek i szalotkę. Podgrzewać na małym ogniu 2 minuty i tuż przed podaniem dodać świeże zioła. Doprawić solą i pieprzem.

Sos beszamel

Czas przygotowania: 6 minut • Czas gotowania: 4–5 minut

Porcja dla 4 osób

- 40 g maizeny
- 0,5 l chudego mleka

- szczypta gałki muszkatołowej
- sól, pieprz

W rondelku rozpuścić maizenę w zimnym mleku, mieszając trzepaczką. Podgrzewać na małym ogniu i odparować, cały czas mieszając drewnianą szpatułką, aż sos zgęstnieje. Doprawić solą, pieprzem i gałką muszkatołową.

Sos biały

Czas przygotowania: 15 minut • Czas gotowania: 3 minuty
Porcja dla 3 osób

- 250 ml bulionu drobiowego
- 2 łyżki stołowe chudego mleka
- 1 łyżka stołowa maizeny

- szczypta gałki muszkatołowej
- sól, pieprz

Bulion ostudzić i wymieszać z mlekiem, następnie rozpuścić w nim maizenę. Postawić na małym ogniu i podgrzewać, ciągle mieszając drewniana szpatułką, aż sos zgęstnieje. Następnie zdjąć z ognia, doprawić solą i pieprzem. Dodać mieloną gałkę muszkatołową.

Sos chiński

Czas przygotowania: 15 minut • Bez gotowania
Porcja dla 2 osób

- 1 cebula
- 1 łyżeczka octu winnego
- 1 łyżeczka musztardy

- szczypta mielonego imbiru
- 1 cytryna
- sól, pieprz

Cebulę drobno posiekać. Wymieszać ocet winny, musztardę i imbir. Dodać sok z cytryny i cebulę, dokładnie wymieszać. Doprawić solą i pieprzem.

Sos szczypiorkowo-limonkowy

Czas przygotowania: 10 minut • Czas gotowania: 5 minut

Porcja dla 4 osób

- 125 ml chudego mleka
- 90 g śmietany (5% tłuszczu)
- 4 łyżeczki maizeny
- 1 pęczek szczypiorku

- 1 limonka
- 1 łyżeczka
  ziarenek pieprzu
- sól, pieprz

Mleko i śmietanę podgrzać w rondelku, mieszając łyżeczką. Posolić. Dodać maizenę i doprowadzić do wrzenia. Szczypiorek posiekać, wymieszać z sokiem z limonki, solą i pieprzem. Wszystkie składniki połączyć.

Sos cytrynowy

Czas przygotowania: 10 minut • Bez gotowania

Porcja dla 4 osób

- pół cytryny
- 1 beztłuszczowy jogurt

- 1 pęczek szczypiorku
- sól, pieprz

Wycisnąć sok z połowy cytryny i wymieszać go z jogurtem. Szczypiorek drobno posiekać i dodać do jogurtu. Doprawić solą i pieprzem.

Sos curry

Czas przygotowania: 10 minut • Bez gotowania

Porcja dla 4 osób

- 1 jajko
- pół cebuli

- 1 łyżeczka curry w proszku
- 1 beztłuszczowy jogurt

Jajko gotować 6 minut we wrzącej wodzie, następnie obrać i wyjąć żółtko. Cebulę obrać i drobno posiekać, wymieszać z rozgniecionym żółtkiem i curry. Powoli dodawać jogurt, ciągle mieszając.

Sos paprykowy ostry
Czas przygotowania: 15 minut • Czas gotowania: 40 minut
Porcja dla 8 osób

- 4 pomidory
- 1 czerwona papryka
- 1 żółta papryka
- 1 cebula
- 1 łyżeczka słodziku
- 100 ml octu winnego
- szczypta ostrej papryki
- sól, pieprz

Pomidory i papryki umyć, obrać i usunąć nasiona. Cebulę obrać i posiekać. Wszystkie składniki zmiksować. Tak powstały przecier przecedzić i wlać do rondelka. Gotować 40 minut na małym ogniu pod przykryciem.

Sos grelette
Czas przygotowania: 10 minut • Bez gotowania
Porcja dla 6 osób

- 4 świeże pomidory
- 100 g beztłuszczowego twarożku
- 5 obranych i posiekanych szalotek
- sok z 1 cytryny
- sól, pieprz

Pomidory sparzyć (30 sekund we wrzątku) i obrać. Wszystkie składniki wymieszać. Doprawić do smaku i podawać schłodzone.

Sos
gribiche

Czas przygotowania: 10 minut • Bez gotowania

Porcja dla 8 osób

- 1 łyżeczka musztardy
- 1 łyżka stołowa octu winnego z cydru
- 2 łyżki stołowe oleju parafinowego z estragonem

- 250 g beztłuszczowego twarożku
- 2 jajka na twardo
- 1 posiekana szalotka
- 3 posiekane korniszony
- sól, pieprz

W misce wymieszać musztardę, ocet winny, sól i pieprz. Dolać olej parafinowy, twarożek, posiekane jajka na twardo, szalotkę i korniszony. Doprawić do smaku.

Sos
holenderski

Czas przygotowania: 15 minut • Czas gotowania: 5 minut

Porcja dla 2 osób

- 1 jajko
- 1 łyżeczka musztardy
- 1 łyżka stołowa chudego mleka

- 1 łyżeczka soku z cytryny
- sól, pieprz

Oddzielić białko od żółtka. Żółtko, musztardę i mleko wlać do miseczki i gotować w kąpieli wodnej, ubijając trzepaczką, aż sos zgęstnieje. Zdjąć z ognia i ciągle ubijając, dodać sok z cytryny, sól i pieprz. Białka ubić na sztywną pianę i dodać do sosu.

Sos
lioński

Czas przygotowania: 10 minut • Bez gotowania
Porcja dla 5 osób

- 1 ząbek czosnku
- 1 szalotka
- 120 g beztłuszczowego twarożku

- 1 łyżka stołowa octu winnego
- sól, pieprz

Czosnek i szalotkę obrać i posiekać. Twarożek ubić z octem, doprawić solą
i pieprzem. Dodać czosnek i szalotkę. Ubijać trzepaczką, aż do uzyskania
jednolitej konsystencji.

Sos
musztardowy

Czas przygotowania: 10 minut • Czas gotowania: 5 minut
Porcja dla 8 osób

- 2 łyżeczki maizeny
- 1 żółtko (ugotowane na twardo)
- 2 łyżeczki octu winnego
- 2 łyżeczki musztardy

- odrobina świeżych ziół
- 200 ml wody
- sól, pieprz

Ugotować maizenę w 200 ml wody i ostudzić. Połączyć z żółtkiem
zmieszanym z octem winnym i musztardą. Dodać świeże zioła,
sól i pieprz. Jeśli sos wydaje się zbyt gęsty, dodać więcej
octu winnego.

Sos portugalski

Czas przygotowania: 10 minut • Czas gotowania: 35 minut

Porcja dla 6 osób

- 8 pomidorów
- 6 ząbków czosnku
- 2 średnie cebule
- 2 listki laurowe
- zioła prowansalskie

- 1 łyżka stołowa koncentratu pomidorowego
- 1 zielona papryka
- sól, pieprz
- szczypta ostrej papryki

Pomidory ugotować z rozgniecionym czosnkiem, posiekaną cebulą, listkami laurowymi i ziołami prowansalskimi. Doprawić solą oraz pieprzem i gotować 10 minut na mocnym ogniu. Dodać koncentrat pomidorowy, paprykę pokrojoną na cienkie paseczki i odparowywać około 20 minut na mniejszym ogniu. Wyjąć listki laurowe, a resztę zmiksować. Doprawić ostrą papryką.

INDEKS POTRAW

PODZIĘKOWANIA

Dziękuję Rolandowi Chotardowi, jednemu z najznamienitszych szefów kuchni w departamencie Yvelines, który w zamian za 30 kilogramów straconych po lekturze mojej książki *Nie potrafię schudnąć* podarował mi stworzone przez siebie przepisy dopasowane do mojej diety. W przepisach tych w niezwykły sposób przejawiają się jego inwencja, profesjonalizm i przede wszystkim pragnienie, by schudnąć, nie rezygnując z rozkoszy prawdziwej, wyśmienitej kuchni.

Dziękuję także Gaëlowi Boulet z restauracji Chez Ducasse za jego cenne rady, jak tworzyć wielką symfonię smaków za pomocą prostych środków i zastąpić tłuszcz aromatem przypraw.

Wydawnictwo Otwarte sp. z o.o.,
ul. Kościuszki 37, 30-105 Kraków. Wydanie I, 2009.
Druk: Colonel, ul. Dąbrowskiego 16, Kraków.